KB075014

빛 10억이 선물해준 자유

벼랑 끝에서 부와 성공을 끌어당긴 어느 약사 이야기

빚 10억이
선물해준
자유

수리야킴
지음

느들

들어가며

잠재의식을 바꾼 순간, 모든 것이 나를 돕기 시작했다

저는 20년 넘게 약국을 운영해온 약사입니다. 일반적으로 '약사'라고 하면 전문직에 안정적인 직업으로 알려져 있죠. 아마이 책을 읽는 독자 대부분은 제가 경제적으로도 여유 있는 삶을 살았으리라 기대했을 것입니다. 그러나 저는 46세에 빚이 10억까지 늘어나면서 이혼 위기를 맞고 극단적 선택을 감행하기 직전까지 갔던 사람입니다. 그 당시에는 남은 인생을 빚만 갚다가 죽게 될 거라 절망하며, 하루하루를 칼로 심장을 도려내는 듯한 고통의 시간을 보냈습니다.

그러나 지금은 기적처럼, 몇 년 만에 그 막대한 빚으로부터 벗어나 경제적 자유까지 얻었습니다. 그리고 제가 하고 싶은 일들을 하며 경제적으로나 정신적, 육체적으로나 자유로운 삶을 살고 있습니다. 불과 6년 전만 해도 이런 미래가 제 인생에 기다리고 있을 줄은 상상도 하지 못했지요.

어쩌다가 제가 이렇게 롤러코스터 같은 삶을 살게 되었는지 제 이야기를 풀어내보려고 합니다. 한때는 감추고 싶은 과거의 일들을 들추어내는 것이 너무 창피하고 수치스럽게 느껴졌지요. 하지만 이제 저는 마음 공부와 명상을 통해 전보다 훨씬 더 단단해졌고, 수차례 심리 치유 작업을 거치면서 모든 면에서 편안해졌습니다.

그리고 제 삶의 경험을 나눔으로써 현재 어려움을 겪고 있는 분들에게 희망을 드리고 싶었습니다. 제 경험이 누군가의 삶을 조금이라도 바꿀 수 있다면, 과거에 겪었던 제 고통은 분명 가치 있는 일이 될 것이라 여겨졌습니다. 과거의 저처럼 무지의 환영 속에서 인생의 막다른 길을 헤매고 있는 분들이 계시다면, 하루라도 더 빨리 '인생의 주인'으로 삶의 주도권을 되찾도록 돕고 싶습니다. 저는 40대 중후반까지도 인생 게임의 '룰'을 모른 채 무모한 삶을 살다가, 허무하게 인생 게임에서 퇴장할 뻔했습니다. 하지만 죽음 직전까지 몰린 후 각성이 찾아왔죠. 그리고 게임의 규칙을 제대로 배우고 다시 인생 게임에 도전해 단기간에 대반전을 이루었습니다.

누구나 자신이 원하는 삶을 스스로 선택하고 만들어갈 수 있습니다. 우리 모두는 자신의 인생을 바꿀 힘을 가지고 있습니다. 단지 지금까지 인생이라는 게임의 법칙을 모른 채 참여해서 실패를 반복했을 뿐입니다. 저는 인생 게임을 포기하기 직전에서야 깨달았습니다. 지금까지 제가 무언가 잘못 알고 잘못 살아왔다는 사실을요. 그리고 제가 공부하고 깨우친, 자기 인생의 주인이자 주인공으로 현실을 바꾸는 우주의 법칙을 공유하려고 합니다.

 과거에 제가 그랬듯이, 아무리 열심히 살아도 삶이 나아지지 않고, 끝날 것 같지 않은 어두운 터널 속에 갇힌 듯 절망스러운 분들에게 제 경험이 빛을 향해 뚜벅뚜벅 나아갈 오롯한 희망이 되기를 바랍니다.

2024년
수리야킴

1장

나는 어떻게 불행의 고리를 끊고

원하는 현실을 만들었는가

성공한 사람들에게는 결정적 순간이 있습니다. 더는 과거처럼 살지 않겠다고 사무치게 결심하고 완전히 달라지기로 한 순간. 그런 깨우침이 있었기에 새 삶을 창조할 수 있었습니다. 저 역시 그랬습니다. 반복된 실패와 10억 빚. 죽고 싶을 만큼 고통스러웠던 그때, 저는 관점을 바꿨습니다. 나의 잠재된 가능성은 고작 10억 따위가 아니라 수십억, 아니 그 이상의 가치가 있다고, 생각을 전환했죠. 관점을 바꾸지 않으면 인생은 같은 패턴을 반복할 뿐입니다. 우리 모두는 인생을 바꿀 힘을 가지고 있습니다.

어린 시절 집에 붙었던 빨간 딱지

저는 엄청나게 불우한 어린 시절을 보냈습니다. 성인이 되어서도 제 삶에 드리운 가난의 고통에서 벗어나려고 아둥바둥 몸부림쳤지만, 나아지기는커녕 점점 더 내리막길로 향하고 있었죠. 그러다가 정말 죽을 고비를 넘기고 나서야 삶의 전환점이 찾아왔습니다.

과거의 저는, 착하게 열심히 사는 것과 성공을 쟁취하는 것의 차이를 알지 못했습니다. 진정으로 성공하고 행복하기 위해서는 그냥 열심히만 살아서 될 게 아니라, 잠재의식을 송두리째 바꿔야 한다는 것을 전혀 알지 못했었죠. 안타깝게도 불우한 어린 시절에 저의 잠재의식에 깔린 결핍의 프로그램들이 한평생 제 삶을 지배해왔다는 사실을 너무 늦게 깨달았습니다. 이걸 조금 더 빨리 알았더라면 얼마나 좋았을까 하는 안타까운 마음이 들 때가 많았습니다.

태아 때부터 시작된 오작동 프로그램

제 잠재의식에 깔린 오작동 프로그램은 태아 때부터 시작되었던 것 같습니다. 엄마가 저를 임신하셨을 때 아버지는 다른 여자와 바람이 난 상태라 두 분은 별거 중이셨고, 엄마는 미용실에서 하루 종일 힘들게 서서 일하셨습니다. 아버지에 대한 극도의 배신감과 스트레스, 육체적 과로로 인해 엄마는 아홉 달 내내 입덧이 심해 거의 드시지 못했고 임신 6개월이 넘도록 하혈이 그치지 않았다고 합니다. 엄마는 아버지에게 버림받았다는 배신감, 무너진 자존심으로 우울감과 증오심이 가득한 상태였기에 저를 낙태하고 이혼하려고 하셨어요. 그러나 너무 체력이 약해진 탓에 임신 중절 수술을 버텨낼 자신이 없으셨죠. 그래서 한의원에 가 하혈이 멈추고 아이가 떨어지는 약을 지어달라고 하셨답니다. 그런데 그 한약을 먹고 오히려 제가 태어나게 되어 어쩔 수 없이 아버지와 다시 살게 되셨어요. 그래서 그 한의사가 제 생명의 은인이라고 말씀하셨죠.

그러나 부모님의 사이가 좋지 않고 엄마의 몸이 회복되지 않아, 저는 유아기에 친척들 집에 자주 맡겨져서 키워졌습니다. 고성과 폭력이 난무한 집 안에서 아버지가 엄마의 머리채를 잡고 끌고 다니는 장면이, 태어나서 제 삶의 첫 기억이었지요. 이때 저는 너무 무서워서 벌벌 떨면서 영혼이 부서지는 것 같은 충격을 경험했습니다. 어린 나이에 부모님과 애착 관계를 제대로 형성하지 못한 채 여러 친척 집을 돌아다니다 보니 안정감을 가질 수 없었어요. 그래서 항상 다른 사람의 눈치를 많이 보며 자라게 되었습니다.

그리고 어린 시절 내내, 엄마는 아버지와 싸우고 힘드실 때마다 제게 신세 한탄을 하셨어요. "너만 아니었으면 네 아빠랑 이렇게 살지 않았을 텐데. 네가 태어나는 바람에 내가 이 고생을 하고 살지"라는 얘기를 귀에 못이 박힐 정도로 들었습니다. 그래서 저는, 어렸을 적부터 자신도 모르게 엄청난 죄책감을 잠재의식에 새겨 넣고 있었습니다. '나는 환영받지 못하는 아이, 아무도 원하지 않았던 아이, 짐 덩어리 같은 존재야. 나는 태어나지 말았어야 하는데, 잘못 태어나서 엄마를 힘들게 하는 존재야. 그러니 엄마를 위해 나를 희생하고 살아야 해' 이런 생각들이 잠재의식에 새겨졌던 것입니다. 그때는 전혀 인식하지 못했지만, 돌이켜보면 일종의 가스라이팅을 당한 상태였습니다. 그래서 저도 모르게 제 인생이 아니라 엄마와 가족들을 위한 인생을 계속 살게 되었습니다.

저는 어린 시절 시골의 한 산골에 살았는데, 초등학교 입학 전에 아버지가 공무원을 그만두시고 인천에 올라가서 사업을 시작하셨습니다. 엄마는 제가 초등학교에 입학하자 며칠 후 데리러 오겠다고 말씀하시고 시골 큰집에 저만 덜렁 맡겨둔 채 동생들을 데리고 아버지를 따라 인천으로 올라가셨죠. 그러나 몇 달이 지나도 저를 데리러 오는 사람이 없자 저는 완전히 찬밥신세 천덕꾸러기가 되었습니다. 친척 집에서 할아버지가 국에 밥을 말아 먹다 남긴 것을 먹기도 했고, 엄마가 챙겨준 옷이 봄옷 한 벌뿐이라 한여름이 지나도록 계속 같은 옷을 입고 다니기도 했습니다. 그 집에 있던 지적장애를 가진 아재로부터 성추행을 당하기도 했습니다. 밤에 자고 있으면 어느새 제게 다가와 몸을 더듬으며 얼굴에 침을 잔뜩 발라 놓았지요. 너무 무서워 잠을 이룰 수 없었습니다. 어렸을 때 친척 집을 떠돌며 보호받지 못하고 자랐기에 여러 번의 성폭행과 성추행을 겪었고, 저는 큰 두려움과 수치심, 피해의식을 거듭 무의식에 새겨 넣게 되었습니다.

그때 저는 눈칫밥 먹는 짐덩어리 같은 존재였기에 누구에게도 어떤 도움도 요청할 수 없었습니다. 아무런 문제를 일으키지 않고 조용히 숨죽여 지내야만 쫓겨나지 않으리라고 여겼기 때문이에요. 정말 그 집에서 도망치고 싶을 때가 많았지만 엄마가 언제 데리러 오실지 몰라 그럴 수도 없었습니다.

계절이 바뀌어도 아무 소식이 없자 저는 수시로 울면서 잠을 이루지 못했어요.

'엄마가 나를 버린 게 아닐 거야. 무언가 이유가 있을 거야. 어쩌면 나를 데리러 오는 중에 교통사고라도 난 게 아닐까?' 걱정하며 어른들 등 뒤에서 매일 저녁 9시 뉴스를 빼놓지 않고 챙겨보기도 했습니다.

억지로 짜낸 희망

1년이 지난 어느 날, 드디어 엄마가 저를 데리러 오셨습니다. 아버지 사업이 위기를 맞으면서 저를 데리러 올 겨를이 없었던 것입니다. 꾹 눌러온 감정들이 터져 줄줄 울면서 엄마 손을 잡고 인천으로 올라왔지만, 기쁨은 잠시였습니다. 부모님과 동생들은 행복하게 잘살고 있을 줄 알았는데 그게 아니었기 때문이었죠.

아버지가 건축자재 사업을 인수하고 곧바로 부동산 경기가 악화되어 사업이 급격히 기울었어요. 아파트 건설 현장에 모래와 벽돌을 납품하고 어음을 받았는데, 건설사들이 연쇄 부도하면서 그동안 납품한 대금을 한 푼도 못 받은 채 빚더미에 앉게 되었지요. 우리는 모래와 벽돌이 쌓여 있는 건자재

상의 작은 컨테이너박스 한 칸에서 다섯 식구가 같이 살게 되었는데, 그나마도 몇 달 지나지 않아 모든 재산에 빨간딱지가 붙어 길거리로 쫓겨났습니다.

우리 가족은 노숙자 신세가 되었고, 간신히 월세 보증금 10만 원을 빌려서 빈민촌의 월세살이를 시작했습니다. 화장실도 없는 어둡고 우중충한 집에서 다섯 식구가 작은 방 한 칸에 다닥다닥 붙어 잠을 자야 했지요. 연탄 몇 장으로 추운 겨울을 나야 했고, 세 가구가 재래식 화장실 한 칸에 줄을 서야 하는 열악한 환경이었죠.

그러니 저의 사춘기 시절은 이루 말할 수 없는 수치심으로 가득했고 자존감이 바닥이었습니다. 그 가난한 동네에서도 우리 집이 제일 가난했습니다. 그래서 때로는 무시당하고 억울한 누명을 쓰기도 했어요. 친구에게 제가 사는 곳을 알리고 싶지 않아 하교 길에 뺑 돌아서 집에 오기도 했고요. 초등학교 때 담임 선생님이 가정방문을 오셨는데, 차마 그 집에서 선생님과 마주하고 싶지 않아서 도망을 치기도 했습니다. 친구들이 영화를 보러 가자고 하면 돈이 없어서 못 간다는 말을 할 수 없어서 이 핑계 저 핑계를 대며 피해 다녀야 했어요. 학교에 싸가는 도시락이 너무 창피했고, 다른 집에서 버린 낡은 옷을 얻어 입는 것도 부끄러워 늘 고개 숙이고 움츠리고 다녔습니다.

그래도 저는 살아남기 위해 억지로 희망을 짜내며 버텼습니다.

'내가 이렇게 힘든 어린 시절을 겪는 것은 나중에 훌륭한 사람이 되기 위해서일 거야. 어떻게 해서든 내가 성공해서 이 가난에서 벗어날 것이고, 우리 집안을 일으켜 세울 거야.' 이렇게 다짐하며 하루하루를 견뎌냈습니다. 심각한 가난과 가정불화로 매일 폭력이 난무할 때는 간신히 자위하며 버티다가도 수시로 마음이 무너져 내리기도 했습니다. 부모님은 거의 매일 소리 지르고 밥상을 뒤엎었기에, 제 감정 상태는 억지로 짜낸 희망이 금세 좌절로 바뀌었다가 다시 또 자위하기의 연속이었습니다. 그런 상황이니 남동생들은 일찍부터 가출을 하고 탈선을 시작했습니다.

태어날 때부터 몸이 몹시 허약했던 저는 할 수 있는 것이라고는 오직 공부밖에 없었습니다. 그러나 단칸방에서 다섯 식구가 함께 잠을 자다 보니, 중고등학교 때는 늦게까지 공부를 하고 싶어도 아버지의 불 끄라는 고함에 집에서는 공부조차 제대로 할 수 없었습니다. 학교만이 유일한 탈출구였지요. 그래도 저는 악착같이 공부해서 약학대학에 입학했습니다. 정말 제가 성공하지 않으면 이 지옥 같은 가난에서 벗어날 길이 전혀 없어 보였죠.

그러나 대학 시절도 힘든 시간의 연속이었습니다. 홀로

아르바이트를 해서 학비와 생활비를 조달해야 했기에 친구들과 어울릴 틈이 없었고, 대학생으로서의 낭만 같은 것을 느껴볼 겨를도 없었어요. 방학 때면 친구들은 토플 공부를 하거나 배낭여행을 갔지만, 저는 다음 학기 등록금을 마련해야 해서 더 악착같이 아르바이트를 했습니다. 학업과 아르바이트를 병행하느라 체력은 바닥이 나 쓰러지기 직전이었지만, 힘들게 버틴 끝에 간신히 대학을 졸업할 수 있었습니다.

저는 약사고시 시험이 끝나자마자 약사면허증이 나오기도 전에 실습생으로 약국에 취업을 했습니다. 하루라도 빨리 돈을 벌어야 했기에 쉬지 않고 일했고 받은 봉급을 모두 저축했습니다. 덕분에 결혼 전에 부모님께 전세를 끼고 26평 아파트를 사드릴 수 있었죠. 이것으로 우리 집과 부모님에 대한 책임을 어느 정도 다했다고 생각했으나, 저는 그렇게 쉽게 자유로워질 수는 없었습니다.

전문직 약사가 되어도 극복할 수 없었던 가난

결혼 후에도 제가 친정 식구들의 생계를 책임져야 하는 상황이 계속되었습니다. 아버지는 가정에서는 무능력하고 폭력적인 가장이었지만, 밖에 나가서는 호인 소리를 들었습니다. 처자식에게 줄 돈은 없어도 친구들에게만큼은 비싼 물건을 턱턱 사주거나 보증을 서주기도 했죠. 그게 잘못되어서 우리 집을 더 깊은 가난의 늪으로 빠져들게 했고, 한때는 도박에도 빠져서 그나마 조금 모은 돈을 다 탕진하기도 했습니다. 그러니 제가 대학에 갈 때까지 10년이 넘도록 단칸방 월세살이에서 벗어나지 못했고, 결혼 후에도 친정에 생활비를 드려야 하는 상황이었어요.

그러나 저를 제일 힘들게 했던 것은 아버지보다도 동생들이었습니다. 남동생들은 일찍부터 탈선을 했어요. 그 시절 부모님은 생계를 꾸리기에도 벅찼고 좌절과 분노에 빠져 있던 상황이라, 우리 형제들은 모두가 각자 생존해야 했어요. 저는 생존전략으로 공부를 택했고, 막내는 힘을 택했습니다. 그리고 저와 막내 사이에 낀 큰동생은 자존감이 너무 낮아 사회 적응에 실패했고 은둔형외톨이가 되었습니다. 그래서 현실을 도피하기 위해 게임중독에 빠져버렸지요. 그 이후로도 큰동생은 쭉 게임 속 세상에 살았고 정상적인 사회생활을 하지 못했습니다.

막냇동생은 기질이 엄청 강해서 큰 사고를 많이 쳤습니다. 어머니가 동생 사주를 보셨는데, 잘 키우면 장군감이고 잘못 키우면 조폭이 된다고 했었죠. 그런데 결국 그 말은 예언처럼 실현되고 말았습니다. 제 평생에 가장 큰 숙제를 안겨준 존재가 바로 막냇동생이었어요.

가족이라는 굴레

막냇동생은 초등학교 때 유도를 시작했는데, 전국대회에서 메달을 따면서 유도선수로 중학교에 입학했습니다. 그러나 중학교 2학년 때 경기 도중 허리를 다쳐 유도를 중단하게 되었고 그게 비극의 시작이었어요. 동생은 일찍부터 힘의 세계에 눈뜨면서 금세 중학교에서 일진이 되었습니다. 그때 저는 아르바이트를 하며 대학을 다니느라 집에는 밤늦게 들어가 잠만 자고 나오는 상황이었고 동생들에게 관심을 기울일 여유도 없었습니다.

동생은 중학교 2학년 때 친구들을 데리고 가출해서 일주일이 지나서야 집에 돌아왔습니다. 그러던 어느 날, 집 앞에 경찰차가 와 동생 손에 수갑을 채워 데려갔고 엄마는 그 충격으로 쓰러지셨어요. 동생은 집단폭력에 가담한 죄목으로 소년원에 수감됐고, 저는 아르바이트와 학업을 병행하는 상황에서 엄마를 대신해 동생 면회까지 다녀야 하는 힘든 시간을 보냈습니다.

결국 동생은 중학교를 중퇴하고 유흥업소에서 조폭 같은 사람들과 일하게 되었습니다. 제가 대학교 4학년 때 학비와 생활비 문제로 고군분투하면서 어떻게든 졸업만 하자고 버티고 있을 때, 막냇동생이 갑자기 저를 찾아왔어요. 일하는 가게에서 사고를 치는 바람에 급하게 돈이 필요하니 도와달라는 것이었죠. 동생을 따라간 곳에서 저는 카드로 120만 원을 결제했고 동생은 현금 100만 원을 받아들고 사라져버렸습니다. 이때 '카드깡'이라는 것을 처음 알게 됐지요. 당시 대학한 학기 등록금이 약 150만 원이었으니 제게는 엄청 큰돈이었습니다. 저는 매달 카드 이자와 할부금을 갚느라 1년 내내 극도로 빈곤한 생활을 해야 했고, 어떤 날은 빵 하나만 먹고 온종일 버티기도 했습니다.

그런데 제가 졸업하고 약국에 취직하자 문제는 더 커지기 시작했습니다. 동생이 약국에 무작정 찾아와 돈을 빌려달라고 하기 시작했어요. 돈이 없다고 하면 돈을 줄 때까지 안 가고 계속 약국 앞에서 시위를 하며 영업을 방해했습니다. 주인 약사님 눈치가 보여서 저는 어쩔 수 없이 가불을 해 돈을 해주게 되었죠. 그렇게 늘 급한 일이 생겼다고 며칠 후에 갚겠다며 돈을 받아갔지만 한 번도 갚은 적은 없었어요. 그래서 동생 모르는 먼 곳으로 근무지를 옮겨야 했습니다.

그래도 결혼 후 남편을 따라 대전에 내려가 연락을 끊고 살면서 한동안 편안한 시간을 보내기도 했습니다. 그러나 행복은 그리 오래가지 않았어요. 수화기 너머로 친정엄마의 아버지와 동생들에 대한 하소연을 들으며 친정집을 책임져야 한다는 압박감이 또 밀려왔으니까요. 그래서 큰딸 6개월 때부터 보모에게 아이를 맡기고 다시 일을 시작했습니다. 남편은 연중 내내 구미로 출장을 가야 했던 터라 저는 일과 육아를 혼자 도맡아 해야 했어요.

그러다가 덜컥 둘째를 임신하게 되니 눈앞이 캄캄해졌습니다. 임신과 동시에 심한 입덧으로 잘 먹지도 못하다 보니 우울증까지 찾아왔어요. 둘째까지 낳아서 제가 일을 못 하게 되면 아파트 담보 대출금과 부모님 노후는 어떻게 책임질 것인지, 걱정들이 한꺼번에 몰려와 불안해졌습니다. 그래서 말도 안 되는 비정상적인 결정을 하게 되었죠. 아이 둘을 혼자 키우며 한동안 돈을 벌지 못하면 미래가 너무 막막하다는 걱정 때문에, 갑자기 한 달 만에 인천의 친정 근처로 이사해 약국을 오픈했습니다.

저는 아홉 달 내내 입덧으로 거의 굶다시피 하며 아침부터 밤까지 약국에서 일했습니다. 그러니 임신 5개월째엔 오히려 체중이 줄어 겨우 45킬로그램을 유지할 정도였고, 만삭 때조차 53킬로그램의 깡마르고 배만 나온 임산부였어요. 영양결핍으로 정맥류가 너무 심해져서 압박스타킹을 신지 않고는 서 있을 수도 없을 정도로 혈관 상태도 악화되었습니다. 그런데도 출산하는 당일 오전까지 일을 하다가 진통이 와서 출산 서너 시간 전에서야 산부인과에 달려갈 정도로 독하게 일했습니다.

가난과 결핍을 겪으며 잠재의식에 각인된 '두려움'이라는 프로그램이 저를 그렇게 독하게 일만 하도록 몰아갔던 것이었죠. 저는 못 먹고 무리해 일한 대가로 출산 후 건강이 악화되어 수술도 여러 차례 받아야 했어요. 이렇게 건강을 희생시켜 돈을 더 많이 벌면 경제적으로 안정될 줄 알았지만, 현실은 그렇지 않았습니다. 편안한 상태에서 한 결정이 아니라 마

음이 쫓기는 두려운 상태에서 한 결정은 언제나 결과가 좋지
않은 법이지요.

성급한 약국 개업 그 이후

처음 약국을 오픈할 때는 결혼하면서 마련한 대전 아파트 전
세금을 빼, 더 작은 집으로 이사했습니다. 비좁은 투룸에 네
식구가 살다 보니 환경이 열악했지요. 아이들에게만큼은 저
처럼 빈곤한 환경에서 어린 시절을 보내게 하고 싶지 않다는
마음이 컸어요. 그래서 대전 집을 정리해 더 넓은 30평대 아
파트 전세로 옮기고 싶었습니다. 그때까지만 해도 대전은 수
도권처럼 집값이 잘 오르는 곳이 아니어서, 이참에 정리해 수
도권에 집 장만을 하는 편이 더 낫겠다고 생각했어요. 그래서
대전 둔산동 아파트를 1억 3천만 원에 매도 계약을 했는데,
2002년 노무현 대통령이 당선되면서 정부청사가 세종시로
이전해 대전 집값이 오를 거라는 얘기가 나왔어요. 남편이 계
약금 500만 원을 손해 보더라도 대전집을 그대로 보유하는
게 낫지 않겠냐고 제게 물었지만, 그때만 해도 저는 경제 지식
이나 세상 돌아가는 원리에 대해 아는 게 너무 없었습니다. 사
실 남편이나 저나 둘 다 가난한 집안의 장남 장녀인지라 세상

물정을 몰라도 너무 몰랐죠. 주변에 온통 가난한 사람들뿐이니 제대로 조언을 구할 사람도 없었습니다.

우리는, 세종시가 개발되기까지 10년은 걸릴 텐데 그렇게 금세 집값이 오르겠냐며 그냥 매도해버렸습니다. 그리고 3개월 후, 그 아파트가 3억까지 오른 것을 알고는 가슴이 무너져 내렸죠. 돈을 벌어서 수도권에 집을 사려고 했으나, 그 뒤로 몇 년간 수도권 아파트 가격이 폭등해 집 장만은 점점 더 어려워져만 갔습니다. 아무리 열심히 약국을 운영해 돈을 모아도 부동산이 오르는 속도를 따라갈 수는 없었고, 격차는 점점 더 벌어졌습니다. 가난에서 벗어나고 싶어 임신 중에도 쉬지 못하고 건강까지 잃었는데, 정작 잘못된 선택으로 집도 사라지고 현실은 더 가난해지게 되었습니다.

그리고 친정 근처로 이사 와서 약국을 하기 시작하면서부터 한동안 잠잠했던 막냇동생이 다시 밤에 불쑥 찾아와 큰돈을 빌려달라고 요구하기 시작했습니다. 저는 더는 해주지 않겠다고 강하게 거절했습니다. 그러나 어쩔 도리가 없는 상황이 발생하고 말았어요. 동생이 큰 사고를 쳐서 마음 약한 엄마가 그것을 해결해주느라 사채 빚까지 얻어준 것을 나중에야 알게 되었죠. 나날이 이자가 불어나자 감당이 안 된 엄마는 결국 앓아누우셨어요. 저는 결국 엄마를 위해 대출을 얻어 사채 빚을 갚아주었습니다.

큰동생 또한 사업을 하려다가 실패해 신용불량자가 되어 카드 빚을 대신 갚아주어야 했죠. 힘들게 일해 돈을 벌어도 밑 빠진 독에 물 붓는 상황이 계속되면서, 저는 점점 더 지쳐갔습니다. 동생들은 잊어버릴 만하면 한 번씩 연락을 해 저를 괴롭혔어요. 저는 매몰차게 거절했다가도 마음이 약해져서 또 해주기를 반복했죠. 나중에는 핸드폰에 동생들 전화번호만 떠도 호흡곤란이 오는 수준에 이르렀고, 결국 관계를 단절하게 되었습니다.

그 뒤로 한동안 소식이 끊겼던 막냇동생은 이혼을 하고 엄마 집에 아이를 맡긴 채 떠나버렸습니다. 어쩔 수 없이 엄마가 세 살부터 조카를 키우셨어요. 두 돌도 되지 않은 아이가 부모와 떨어졌으니, 아이는 매일 밤 경기를 하고 울어댔죠. 엄마는 아들에 대한 미움과 조카에 대한 연민 사이에서 엄청난 스트레스를 받으셨어요. 몇 년 후 엄마는 스트레스 때문이었는지 골수암 말기 진단을 받았습니다. 혈액 중 암세포가 90퍼센트 이상 퍼진 상태로, 6개월 시한부 선고를 받으셨지요. 한평생 고생만 하시다가 암이라니, 엄마가 너무 불쌍하고 가슴이 무너져 내렸습니다.

엄마는 말기암에 걸리면 절대 억지로 생명을 연장하지 않을 거라는 말씀을 자주 하셨지만, 막상 상황이 닥치니 죽음을 받아들이지 못했고 제게 매달리셨어요. 당시 부천 성모병원에서는 연명치료를 권했지만, 불쌍한 엄마를 위해 저는 가능한 한 최선을 다하고 싶었습니다. 그래서 골수암 최고 권위자인 여의도 성모병원 교수님께 진료 예약을 했고, 골수이식을 2회 하면 5년 생존율이 50퍼센트까지 올라갈 수 있다는 말을 들었습니다. 체력이 약한 엄마가 그 힘든 과정을 버틸 수 있을지 걱정이 되었지만, 엄마는 무슨 방법을 써서라도 살고 싶다며 골수이식을 하고 싶다고 하셨어요. 그 당시만 해도 암에 대한 보험 적용 비율이 지금처럼 높지 않았고, 특히 혈액암은 비보험 항목이 많아 진료비가 엄청났습니다. 중환자실에 입원하셨을 때는 한 달 병원비가 1천만 원에 육박하기도 했습니다. 저는 엄마를 위해서라면 빚을 내더라도 모든 치료를 다 해드리고 싶었어요. 그렇게 하지 않으면 큰 죄책감에 시달릴 것만 같았죠. 그 3년간의 암 투병 과정은 우리 두 사람에게 너무나 힘든 시간이었습니다.

저는 평일엔 약국에서 일하고 주말에는 병원에 가느라 힘들어서 쓰러지기 직전이었어요. 디스크가 심해져서 네 시간도 누워 잠을 잘 수 없을 정도로 고통스러웠고, 매일 영양제 한 주먹과 진통제로 하루를 버티며 일을 했죠. 그러나 아버지와 동생들은 아무도 도와주는 사람이 없었습니다.

암 투병 3년 만에 엄마는 결국 숨을 거두셨어요. 그렇게 힘들게 애써봤지만 결국 엄마를 살릴 수는 없었죠. 오히려 항암 부작용에 시달리느라 극심한 통증 속에서 답답한 병원에 갇힌 채 2년 더 생명을 연장했을 뿐이었습니다. 차라리 남은 시간 동안 아름다운 자연을 보며 여행이라도 한 번 다녀오셨더라면 좋았을 텐데, 하는 후회만 남았습니다. 거기에 더해 엄청난 병원비를 감당하느라 빚이 1억 이상 더 늘어, 현실은 저를 더 옴짝달싹 못하게 만들었습니다.

10억 빚을 떠안고 인생 이탈자가 될 뻔한 나날

엄마가 돌아가신 후 그간 쌓인 스트레스와 피로로 건강이 무너져 내려 여러 차례 수술을 받아야 했습니다. 하지만 몸을 돌볼 겨를조차 없었습니다. 생계를 위해 일에 내몰려야 했으니까요. 특히 홀로 된 친정아버지와 조카의 생활은 이제 오롯이 내 몫이 됐다는 부담이 엄청났습니다. 그 부담을 덜고 싶어 아버지께 개인택시를 사드렸으나 아버지는 엄마가 돌아가신 지 1년 만에 치매가 오셨고, 택시를 헐값에 정리하게 되었어요. 결국 제가 또 아버지와 조카의 생활비를 전적으로 책임져야 했죠. 그러다 보니 어느덧 부동산담보대출과 신용대출이 5억까지 늘어나 있었습니다.

거기에다가 고등학교에 진학한 큰딸, 영재고 진학을 준비하던 둘째 딸의 학원비가 엄청 비쌌습니다. 아이들만큼은 잘 키워서 나처럼 살게 하고 싶지 않았기에, 아무리 힘들어도 학원만큼은 보내주고 싶었어요. 그래서 조카까지 세 아이 학원비로 매달 수백만 원이 지출되었죠. 상황이 이러니 몸이 아파도 일을 쉴 수가 없었습니다. 남편은 당시 지방 공기업에 다니느라 주말에만 집에 올라왔기에, 10년간 저 혼자 일하며 아이들을 키워내야 했습니다.

남편도 지방 생활을 청산하고 싶어 했지만 잘되지 않았습니다. 수도권 연구소로 이직하려고 지원서를 냈는데 오히려 그 사실이 회사에 알려져 이사장 눈 밖에 났지요. 남편은 그 일로 5년 넘게 승진에서 누락했습니다. 일은 본인이 제일 많이 하는데도 후배들이 먼저 치고 올라가는 걸 지켜보면서, 남편은 극심한 스트레스를 받았고 속병이 깊어졌어요. 당장 회사를 때려치우고 싶었지만 울분을 삭인 채 매일 아침 출근해야 했습니다. 그러니 건강은 나날이 나빠져갔죠. 남편의 그런 모습을 지켜보는 게 너무 안쓰러웠습니다. 남편도 회사를 그만두고 가족이 있는 집으로 올라오게 해주고 싶다는 마음 또한 간절해졌습니다.

간절함이 만든 10억 빚

그러다 보니 일만 해서는 이 생활에서 벗어날 수 없겠다는 생각에 주식 공부를 시작하게 되었습니다. 주식을 처음 알게 된 건 2007년 여름 주식 버블의 절정기였어요. 그 당시 펀드 열풍이 불었는데, 미래에셋 인사이트펀드가 아주 잘나가던 시기였습니다. 저는 미래에셋 박현주 회장의《돈은 아름다운 꽃이다》를 읽고, 미래에셋증권을 매수하기 시작했어요. 15만 원에 산 주식이 한두 달 사이에 21만 원까지 올라갔습니다. 그땐 그게 버블인지도 모른 채 좋아했지요. 그리고 40만 원 이상 오를 거라며 안 팔고 버티다가, 2008년 주식시장이 폭락하자 공포 속에서 8만 원에 매도하고 말았어요. 몇 달 만에 주식이 반 토막 나는 걸 보면서 한동안은 무서워서 주식시장을 쳐다보지도 않았습니다.

그러다가 몇 년 후, 주식시장이 회복되어 주식으로 큰돈을 번 사람들의 이야기를 듣고는 다시 관심을 갖게 되었습니다. 몇 년 동안 주식 관련 책도 100여 권 가까이 읽으면서 공부를 했고 가치투자 카페에도 가입해 스터디에도 참여했어요. 그리고 2014년, 운 좋게 3천만 원 정도 수익을 올리기도 했어요. 수익이 나니 점점 욕심이 생겼고 대출금을 이용해 투자금을 늘리기 시작했어요. 그러나 주식계좌 잔고는 인출하기 전까지는 실제 수익이 아니었어요. 다시 시장이 폭락하면서 그 수익금은 순식간에 다 날아갔습니다.

　그러던 2015년 여름, 일반인들까지 제약주나 바이오주를 추천해달라며 관심을 갖는 모습을 보고는 버블을 확신했습니다. 가치투자를 공부해서 장기 투자를 하려 했으나 대부분의 종목이 몇 년 전보다 너무 올라 더는 투자하고 싶지 않아졌습니다. 2008년에 경험한 버블 폭락의 데자뷔 같은 느낌이 들었어요. 중국에선 노점상들까지 주식투자를 할 정도로 시황이 달아올랐단 뉴스가 보도되었지요.

　저는 갑자기 무모한 자신감이 생겼습니다. 개설해놓은 미국계좌를 통해 큰돈을 중국 주식 인버스 3배 레버리지 선물 상품에 투자한 것이지요. 중국 시장이 폭락할 때마다 점점 추가 금액을 투입했고 단 몇 달 만에 3억 정도의 수익을 올리기도 했어요. 이게 제 불행의 시작이었습니다. 원래 도박판에서 초보자가 큰돈을 따면 그건 더 크게 망하는 징조입니다.

　큰 수익을 올리자 저는 말도 안 되는 광기에 사로잡혔습니다. 입시 준비하는 아이들을 챙기느라 수면 부족에 피로가 누적된 상태였고 정신적으로도 건강하지 못했어요. 그러니 지쳐서, 빨리 이 현실에서 벗어나고 싶다는 마음이 간절해 판단력이 완전히 흐려져 있었습니다. 한마디로, 뭔가에 완전히 홀린 상태였습니다. '한 번만 더 크게 투자에 성공해서 10억 이상을 벌면 남편도 회사를 그만두게 해주고 나도 종일 좁은 약국에 갇혀 사는 삶에서 벗어날 수 있을 거야' 이런 환상에 빠졌으니까요. 아버지와 동생이 도박에 빠져서 많은 돈을 날리는 것을 보았기에, 저는 명절에 가족들이 치는 고스톱조차도 언짢았던 사람이었어요. 그랬던 제가 말도 안 되는 투기심과 광기로 큰 사고를 치고 말았습니다. 사실 제 안에도 거대한 투기심이 숨어 있었던 것이었죠. 마치 폭력을 경험하고 자란 사람이 폭력을 혐오하는 동시에 자신 안에 새겨진 폭력성을 술을 마시면 드러내는 것처럼 말입니다.

저는 완전히 이성을 잃고 가능한 대출금을 모두 끌어모아 추가로 3억 원을 더 투자했습니다. 신도 아니면서, 고레버리지 선물 상품은 파도만 잘 타면 돈을 벌 수 있을 것이라는 환상에 빠졌습니다. 그러나 선물 상품은 오를 때보다 내릴 때가 훨씬 더 무서웠습니다. 방향을 잘못 잡으니 한 달 만에 계좌가 반 토막이 났습니다. 저는 패닉에 사로잡혀 이성이 완전히 마비되었어요. 매일매일 계좌에 마이너스가 늘 때마다 가슴이 조이는 것 같은 고통이 밀려왔어요. 몇 년을 벌어야만 모을 수 있는 금액이 계좌에서 사라지고 있었죠.

남편에게 몇 억의 손실이 난 걸 얘기할 수가 없어서 버티다가 결국 손절 시기도 놓쳤습니다. 너무 큰 손실을 만회하려니 정상적인 투자를 할 수 없었고 계속 투기적인 거래를 반복하게 되었어요. 결국 계좌는 2년 만에 잔고가 마이너스 95퍼센트를 넘어서면서 거의 제로에 수렴했어요. 저는 주식시장의 광기와 패닉을 바닥까지 경험하면서 몸과 마음이 완전히 무너졌습니다. 정신을 차린 뒤에는 빚이 단기간에 5억에서 10억이 되어버렸습니다.

'죽음'을 떠올렸던 절망 한가운데

남편은 이 사실을 알자마자 무섭게 화를 냈고 완전히 차갑게 돌변했습니다. 저를 만나지 말았어야 했는데, 저를 만나서 자기 인생이 망했다며 소리를 지르고 분노를 쏟아냈어요. 그 뒤로 회사에서 힘든 일을 겪을 때마다 저를 원망했습니다. 남편의 반응은 지극히 당연한 것이었습니다.

저는 정말 너무 미안하다고, 빚은 꼭 갚아주고 죽겠다며 울면서 무릎 꿇고 사과했지만, 남편과는 한참 동안 멀어져서 대화도 단절된 상태로 힘든 시간을 보낼 수밖에 없었습니다. 남편에게 너무 미안했고 제 인생이 너무 허무해 하루에도 몇 번이나 자살 충동이 일어났어요. 저는 부모 운도 형제 운도 없었지만, 남편 운만은 있었다고 생각하며 살아왔습니다. 세상 사람들이 다 저를 버려도 오직 남편 한 사람만은 저를 끝까지 사랑해줄 거라 믿고 살았을 정도로, 남편은 자상하고 좋은 사람이었어요. 그런 제게 이 상황은 정말 너무나도 감당하기 힘들었습니다. 매일 수시로 죽고 싶었고 계속 눈물이 흘렀습니다.

'내 인생은 어쩌다가 이렇게 잘못되고 말았을까? 나는 정말 태어나지 말았어야 했던 존재였던 걸까? 내 삶은 이렇게 비참하고 허무하게 끝나는구나. 이렇게 끝나고 말 것을 왜 한 평생 그렇게 힘들게 발버둥치며 살아온 걸까? 무얼 위해 버텨왔을까? 고통스러웠던 어린 시절부터, 그래도 나는 이 고난을 이겨내고 언젠가는 집안을 일으키고 세상에 도움을 주는 존재가 될 거라는 한 자락 희망을 붙들고 살아왔는데, 이렇게 사랑하는 사람에게까지 고통을 안기는 인간 쓰레기가 되어 삶을 마감하고 마는구나.'

절망의 늪에서 헤어나오지 못했습니다. 집안일을 하다가도 갑자기 창문으로 뛰어내리고 싶어지고, 새벽에 아이들 학원 앞에서 기다리다가도 차도로 뛰어들고 싶을 정도로 수시로 죽고 싶은 충동이 올라왔습니다. 이 암울한 터널이 평생 끝날 것 같지 않다는 생각에 고통의 연속이었어요.

그러나 아이들을 놔두고 그대로 죽을 수는 없었습니다.

고통을 참으며 어떻게든 살아내야 했습니다. 아이들 대학 졸업할 때까지만이라도 어떻게든 살아보자고 버텼습니다. 만약 아이들에 대한 책임감이 아니었다면 저는 그때 살아내지 못했을 것입니다. 어차피 이번 생은 망한 인생인데, 내 몸이 부서지더라도 아이들만은 꼭 끝까지 공부시키고 남편 대출금은 다 갚아주고 죽겠다고, 다시 결심했습니다.

그즈음엔 이상한 일들도 연거푸 일어났습니다. 몇 달 만에 교통사고가 세 번이나 일어났어요. 한 번은 이중 추돌로 차가 몇 바퀴를 회전하고 심하게 파손되어 폐차를 시키면서 죽을 고비를 넘겼고, 또 한 번은 고속도로 주행 중 엔진에서 연기가 나서 차를 길가에 세우고 간신히 위험 상황을 모면했습니다. 그 뒤에도 온 집 안과 약국의 가전제품이며 컴퓨터가 차례차례 다 고장이 나서 수리하거나 교체해야 하는 상황이 벌어졌어요. 집 안에 가스가 새는 위험천만한 상황도 넘겼고, 약국에서도 작은 화재가 났습니다. 이상한 사건과 사고들이 연속적으로 일어났습니다.

저는 문득 우주가 저에게 정신을 차리라고 신호를 주는 것처럼 느껴졌어요. '정신 차려! 정신 차리라고! 너는 그렇게 인생을 끝낼 존재가 아니야. 네가 그렇게 죽고 싶다면 어디 죽음을 한번 경험시켜주지.' 우주의 어떤 힘이 제 멱살을 움켜쥐고 저를 마구 흔들어대는 것 같았습니다.

그런데 정말 이상하지요. 여러 번 죽을 고비를 넘기고 나니, 다시 살고 싶어졌어요. 전에는 종교나 사주 따위 전혀 믿지도 않았고, '신을 믿을 바엔 나를 믿겠다'고 생각할 만큼, 저는 오만하고 어리석었던 사람이었습니다. 마치 우물 안 개구리처럼, 제가 아는 세상이 전부라고 믿으며 살았습니다. 그런데 여러 사건을 겪으면서 갑자기 제가 모르는 어떤 큰 힘이 이 세상에 존재한다는 느낌이 들었고, 우주의 이치를 이해하고 싶어졌어요. 그래서 그때부터 명리학을 공부하고 마음 공부도 시작하게 되었습니다. 그동안 가족과 사회로부터 인정받고 제 한몫하기 위해, 좋은 사람이 되기 위해 열심히 버둥거렸지만, 돌이켜보니 무지의 베일에 싸여 한평생을 잘못 살아왔다는 생각이 들었습니다. 깊은 후회와 반성의 시간을 갖게 되었죠. 그때부터 성공한 사람들은 어떻게 '다르게' 살았는지가 궁금해지기 시작했고, 그들의 지혜와 경험이 담긴 책을 찾아 읽기 시작했습니다.

그즈음 제 의식에는 균열이 생기기 시작했습니다. 집 안의 여러 가전제품이 고장 나고 자동차가 박살 난 것처럼, 제가 살아온 세상이 무너져 내리고 그 자리 위에 무언가가 다시 솟아오른 기분이었습니다. 잠들어 있던 제 안의 무언가가 깨어난 느낌이었어요. 막대한 빚 때문에 죽고 싶었고, 설상가상으로 여러 사고까지 겹쳐 손실이 더 늘어났지만, 이상하게 이 모든 상황이 그다지 심각하게 느껴지지 않았습니다. 제가 아무리 발버둥 치고 애써도 어찌할 도리가 없는 어떤 큰 힘을 느끼면서, 저는 모든 저항을 내려놓게 되었습니다. 삶에 완전히 항복하고 만 것이죠. 그러고 나니 저를 둘러싼 세상, 이 우주를 움직이는 큰 힘과 법칙에 대해 조금이나마 눈을 뜨고 싶어졌습니다.

그리고 몇 달 만에 놀라운 변화가 일어났습니다. 마음 공부와 명상을 시작하면서 제 관점이 완전히 긍정적으로 바뀌어간 것이지요. 전에는 평생 갚아도 못 갚을 것 같은 빚, 아프고 늙어가는 몸, 친정엄마처럼 암에 걸릴지 모른다는 두려움, 친정아버지와 조카의 생계를 책임져야 한다는 부담감 등 온통 부정적인 것들에만 신경을 집중하고 있었다는 걸 알아차렸어요. 그런데 그렇게 부정적인 생각 대신 책을 읽고 명상을 하니, 제 생각이 긍정적인 것들로 채워지기 시작했어요. 성공한 사람들이 인생의 바닥에서부터 차근차근 올라온 스토리를 보면서, '어쩌면 나도 그들처럼 할 수 있을지 몰라. 어쩌면 나에게도 위대한 잠재력이 숨어 있는지도 몰라. 어쩌면 내가 그렇게 무가치한 존재가 아닐지도 몰라. 나도 그들처럼 위대한 존재일지도 몰라. 그들이 해냈다면 나도 해낼 수 있을 거야' 이런 희망을 품게 되었지요.

희망에 초점을 맞추다

희망에 초점을 맞추자, 얼마 전까지만 해도 회색빛으로 보이던 세상이 밝은 노란빛, 핑크빛으로 보이기 시작했습니다. 아침에 집을 나설 때 발걸음이 가벼워졌고 머리 위로 비추는 눈

부신 햇살이 저를 포근하게 안아주는 느낌이 들었습니다. 파릇파릇 돋아난 새싹들이 사랑스럽게 느껴지고 호흡을 통해 들어오는 신선한 공기도 달콤하게 느껴졌어요. 새들의 지저귐이 정겨웠고, 얼굴에 스치는 바람을 타고 느껴지는 향긋한 봄 내음은 마치 희망을 노래하는 것 같았어요. 불과 몇 달 만에 저는 '살아 있음'에 감사하게 되었어요. 그때 죽음으로 도망치지 않고 살아 있기를 잘했다는 생각이 들었습니다.

물론 제 상황은 전혀 달라진 게 없었어요. 빚도 그대로였죠. 하지만 부정적인 현실이 아니라 희망적인 가능성에 초점을 맞추니 완전히 다른 세상을 경험하게 되었어요. 더는 지나버린 일을 후회하지 않았고 오지 않은 미래를 걱정하느라 불안해하지 않았어요.

제 마인드가 바뀌니 주변도 조금씩 변하기 시작했어요. 영재고 입시에 떨어진 뒤 방황하던 둘째 아이는 지방 기숙사 학교에 들어가 잘 적응하고 다시 밝아졌습니다. 그리고 신기하게도, 제가 먼저 남편에게 감사한 마음을 계속 전하며 다가갔더니 그렇게 차갑게 돌아섰던 남편도 조금씩 마음의 문을 열기 시작했어요. 아이들 키우랴 일하랴 고군분투한 지난 20년의 제 노고를 알아주었고, 아이들을 잘 키워줘서 고맙다는 말도 해주었습니다.

중학생이 되고부터 방황하고 속을 썩이던 조카도 대학

에 입학하며 마음의 짐을 하나 내려놓게 되었어요. 큰딸이 비록 재수를 하고는 있었지만 다 잘될 거라는 마음을 가지니 모든 것이 다 좋았어요. 아직 구체적으로 달라진 건 아무것도 없었지만, 마음속에서는 이미 모든 것이 다 좋아진 상태였으므로 평온했습니다.

저는 동트기 전이 가장 어둡다는 말을 실감했어요. 바닥을 찍고 죽음의 문턱까지 갔다 와보니, 이제 더 이상 무서운 게 없어졌습니다. 그 이후로도 힘든 일들은 계속 있었지만 '죽기밖에 더 하겠어. 죽을 힘으로 다시 산다면 뭐든 못하겠어?' 하는 마음이 들었죠.

모든 일은 정말 생각하기 나름이었어요. 1년간 그렇게 죽고 싶었는데, 신기하게 더 오래 살고 싶어졌어요. 그리고 그 고통이 다른 의미로 다가왔습니다. 그런 고통이 있었기에 이제는 작은 일에도 감사할 수 있는 상태가 된 것이죠. 기존에는 부모님으로부터 물려받은 가난과 부정적인 사고방식에 매몰되어, 가능성을 보지 못하고 계속 부정적인 현실을 끌어당기고 있었던 것입니다.

그렇게 심각한 실패를 겪고 죽을 만큼 고통스럽지 않았다면, 저는 과거의 제 삶이 무엇이 잘못된 것인지도 모른 채 익숙한 패턴대로 평생 살다가 죽었을 것입니다. 작은 고난으로는 제 사고의 틀을 깰 수 없었기에, 신이 저에게 더 큰 고난을 주신 것이라 생각했죠. 진정 인생을 바꾸려면 기존의 사고틀을 깨는 생각의 전환이, 달라지겠다는 굳은 결심이 필요하죠. 투자 실패로 생긴 10억 빚은 제게 그런 강력한 전환점을 만들어준 신의 선물이었습니다.

성공한 사람들의 책을 보면, 대부분 그런 결정적인 순간이 있었습니다. 더 이상은 과거처럼 살지 않겠다고 굳게 결심하고 완전히 달라지기로 마음먹은 순간이 있었기에, 그들은 완전히 달라진 새 삶을 살 수 있었죠. 오래된 생각과 습관을 바꾸지 않으면 우리는 과거의 패턴에서 벗어날 수 없습니다. 마인드를 완전히 바꾸지 않으면 인생은 늘 같은 패턴을 반복할 뿐입니다.

그래서 저는 큰 실패에 감사하게 되었습니다. 저의 잠재된 가능성은 고작 10억 따위가 아니라, 수백억 이상의 가치를 갖고 있다고 생각을 전환했죠. 또 그런 일을 더 나이 들어서 겪지 않고 40대 중반에 겪었으니 다행이라고 여기며, 아직 제게 많은 가능성의 시간이 남아 있음에 감사했습니다. 제 마음은 큰 상처로 한동안 고통스러웠지만, 딱지가 떨어지고 남은 흉터는 제게 소중한 자산이 되었습니다. 그리고 이렇게 마음을 바꾸자 어두운 터널에 한 줌 빛이 들어와 차츰차츰 온 세상이 밝아졌어요. 매일 책을 읽고 명상을 하면서, 저는 점점 더 긍정적인 생각과 희망으로 가득 찼습니다.

의식이 열리는 경험

명상 수련을 하던 어느 날, 저는 신비로운 체험을 하게 되었습니다. '가슴이 열리는' 경험을 한 것이죠. 집에 돌아오는 길에 온 세상이 선명해 보이고 모든 사람들이 너무 사랑스럽게 느껴졌습니다. 길에 지나가는 모든 사람을 다 안아주고 사랑한다고 말하고 싶은 가슴 벅찬 느낌이었어요. 제가 세상 모든 사람과 연결된 충만한 사랑의 상태였습니다. 태어나서 그런 아름다운 경험은 처음이었습니다. 물론 그 경험은 오래 지속되지는 않았어요. 그리고 3개월 후 명상 중에 또 신비로운 체험을 하게 됐습니다. 몸이 완전히 이완되던 중에 의식이 분리되는 듯한 느낌을 받았지요. 순간, 명상하며 앉아 있는 제 모습을 제가 위에서 내려다보고 있다는 걸 알아차렸어요. '아, 내가 저기 앉아서 명상을 하고 있구나, 그런데 이 모습을 지켜보고 있는 나는 누구지?' 처음에는 혼란스러웠습니다. 그러나 곧 깨달음이 왔지요. 우리 인간은 단지 육체에 국한된 존재가 아니라, 그것을 훨씬 뛰어넘는 의식의 존재라는 것을요. 그리고 우리는 모두 연결되어 있고, 내면에 신성한 힘을 가지고 있다는 것도 알게 되었어요.

이렇게 우리 인간은 물질이 아니라 의식의 존재이며, 현실은 의식의 내용을 거울처럼 투영하는 것이기에, 의식을 바꿔야만 삶을 바꿀 수 있다는 것을 깨닫게 된 것입니다.

　인간의 의식은 현재의식과 잠재의식으로 이루어져 있습니다. 우리가 인식할 수 있는 현재의식은 빙산의 일각일 뿐입니다. 의식의 대부분을 차지하는 것은 우리가 인식하기 어려운 내면 깊은 곳의 잠재의식이지요. 우리의 대부분의 삶은 5퍼센트 수준의 현재의식이 아니라 95퍼센트에 이르는 잠재의식에 의해 만들어진 것입니다.

　프랑스 작가 폴 부르제는 "생각대로 살지 않으면 사는 대로 생각하게 된다"는 유명한 말을 남겼습니다. 여기서 '생각대로 사는 사람'은 잠재의식에 자신이 원하는 정보를 새로 입력해서 스스로 삶을 창조하는 사람이고, '사는 대로 생각하는 사람'은 어릴 적부터 잠재의식에 입력된 그대로 생각하고 살게 되는 사람입니다. 대부분 후자처럼 사는 것이 우리의 현실이죠. 우리가 어린 시절 부모와 사회로부터 보고 배운 모든 생각과 행동 패턴들이 우리 잠재의식에 저장되기 때문에, 이렇게 어렸을 때 각인된 잠재의식 프로그램은 평생 우리 삶을 지배하게 됩니다.

　저 또한 태어날 때부터 잠재의식에 온갖 부정적인 프로그램을 받아들였기에 제 삶은 계속 결핍투성이었고, 투자하는 것마다 다 실패하고 말았습니다. 마치 애초부터 그렇게 설정되어 있던 것처럼요. 저는 자라는 내내 수치심, 열등감, 죄책감에 시달렸고 제 잠재의식에는 '나는 풍요를 누릴 자격이 없어'라는 부정적 신념이 깔려 있었습니다. 보고 배운 것이 가난과 고통스러운 현실뿐이었기에 저도 모르게 풍요에 대한 거부감, 부자가 될 수 없는 프로그램이 잠재의식에 가득 깔려 있었어요. 그러니 현실에서 아무리 열심히 노력해도 헛발질을 하기 일쑤였고 안 되는 방향으로만 상황이 펼쳐졌지요. 그러다가 완전히 망하고 바닥까지 떨어진 뒤에야 제 잠재의식을 바꾸고 인생의 전환점을 맞았습니다.

잠재의식을 다시 세팅하면서 제가 알게 된 중요한 우주의 법칙은, 이 세상 모든 것은 진동하는 에너지로 이루어져 있다는 것입니다. 이 에너지는 우리의 생각에 따라 물질화되며, 비슷한 에너지끼리는 서로를 끌어당깁니다. 이 세상을 구성하는 모든 물질은(인간 또한) 양자 법칙을 적용받습니다. 우주를 구성하는 원리인 양자물리학은 이 세상의 모든 것이 에너지라는 것을 이미 증명해주었죠. 그래서 나의 에너지가 달라지면 주변 환경이 달라지고, 내가 높은 에너지 상태로 바뀌면 높은 진동수의 사람이나 돈, 일 등을 끌어당기게 됩니다. 이것은 아주 자연스러운 우주의 법칙이지요. 긍정적인 생각을 하면 긍정적인 현실을 끌어당기고 부정적인 생각을 하면 부정적인 것들로 채워진 현실이 나타납니다. 결국 생각의 전환이 먼저 일어나야 현실이 달라질 수 있는 것이지요.

저는 이것을 깨달으면서 삶의 전환을 맞았습니다. 단기간에 빚도 갚고 경제적 자유뿐 아니라 인생 대반전을 이루었습니다. 책이나 영화에 나올 법한 기적 같은 일들이 저에게도 일어나게 된 것입니다.

난독증 수학 3등급 딸을 의대에 합격시키다

제 큰딸은 어려서부터 계산 실수가 잦고 시험문제를 잘못 봐 답을 틀리는 경우가 많았습니다. 초등학교 때는 다른 과목들은 곧잘 90점대 성적을 받았지만 유독 국어만 점수가 잘 나오지 않았고, 어려운 수학경시대회 문제는 잘 풀면서 쉬운 문제는 자주 틀려 학원 선생님께 지적을 받을 때도 많았지요. 또 자주 모서리나 돌부리에 걸려 넘어지는 편이라, 여성스러운 외모와 다르게 성격이 좀 칠칠맞다고 생각했습니다.

그런데 중학교 1학년 때 중간고사 시험을 보고 아이가 울상이 돼서 집에 왔습니다. 수학, 과학을 제외한 과목들이 60~70점대 점수가 나온 것입니다. 틀린 문제들을 보니 모두 지문을 잘못 읽고 오답을 쓴 것이었습니다. '우리 딸이 혹시 ADHD인 걸까.' 저는 염려되어 딸을 데리고 검사를 받게 했는데, 뜻밖에도 '난독증' 진단을 받았습니다.

난독증이라니, 하늘이 무너져 내리는 것 같았지요. 아이의 읽기 능력은 유치원생에도 못 미치는 상태였습니다. 좌뇌 기능이 많이 떨어지고 우뇌가 활성화되어 일상생활 중에도 수면 시의 뇌파 상태가 나타난다고 했습니다. 실제로 큰딸은 집중을 오래 못 하고 자주 멍하게 있을 때가 많았어요. 특히 시각적 난독증이 심해서 첫째 줄을 읽다가 시선이 중간이나 끝으로 이동해버려 긴 문장을 집중해 읽기 어려운 상태였습니다. 그래서 모서리에도 그렇게 잘 걸려 넘어졌던 것이었지요. 정작 본인은 어려서부터 그렇게 살아왔기에 자기가 일반 사람들과 다르다는 것을 몰랐던 것입니다. 초등학교 때까지는 시험문제 지문이 길지 않으니 큰 문제가 되지 않았으나, 중학교에 들어가면서 지문이 긴 문제가 출제되면 제대로 읽어내지 못해 성적에 지장이 생긴 것입니다.

난독증이 꿈을 가로막지 않게

처음에 난독증 진단을 받자 저는 제 자신을 자책하기 시작했어요. '내가 일한다고 아이에게 신경을 못 써서 아이가 이 지경인 걸 중학생이 되어서야 발견하다니.' 아이에게 미안하고 죄책감이 들어, 저는 감정적 고통에 빠졌습니다. 그러나 제가 그렇게 괴로워하고 있을수록 아이 상태도 더 나빠진다는 걸 알아차렸지요. 그래서 다시 힘을 내 생각을 바꾸었습니다. 저는 아이의 단점에 집중하는 대신 장점과 가능성에 초점을 맞추기를 선택했습니다.

"레오나르도 다빈치, 아인슈타인, 에디슨 같은 천재도 어려서 난독증으로 학교생활이 힘들었대. 하지만 훌륭한 위인이 되었잖아. 너도 꼭 그렇게 될 거야! 너는 좌뇌가 약해 읽기 능력이 조금 부족한 대신 우뇌가 발달했으니까 직관력과 창의력이 뛰어나거든. 분명 네가 가진 능력을 활용해 뛰어난 인재가 될 거야." 저는 매일 딸에게 이렇게 얘기해주며 희망과 자신감을 불어 넣어주었어요. 그리고 아주 쉬운 동화책부터 시작해 꾸준히 읽기 연습을 시켰고, 두뇌클리닉에서 좌우뇌 통합 훈련을 받게 해주었습니다. 그랬더니 큰딸은 1년 후 재검사에서 읽기 능력이 고1 수준까지 올라갔고 뇌파 상태도 안정적이 되면서 난독증을 극복했습니다. 두뇌클리닉 원장님이 지금까지 이렇게 빠르게 좋아진 케이스는 없었다며, 정말 기적 같은 사례라고 거듭 말할 정도였어요. 이후 우리 딸은 학교 성적도 꾸준히 좋아져 중학교 3학년 때는 반에서 1~2등까지 성적이 올랐습니다.

큰딸은 중학교 때 의학 드라마 〈골든타임〉을 보며 큰 감명을 받았어요. 다른 가족들은 모두 무서워하던 수술 장면이 나오면 TV 화면에 완전히 빠져들어 누가 불러도 모를 정도였죠. 그때부터 아이는 의사가 되고 싶다는 꿈을 키웠습니다.

그런데 고등학교에 진학하고부터 뇌과학자로 꿈을 바꾸었습니다. 저는 뇌과학자도 훌륭하다며 적극 응원해주었어요. 사실 딸은 뇌과학 연구도 좋지만, 실제로는 의사가 더 되고 싶어 했어요. 고등학교 선생님께 의대에 진학하고 싶다고 하자, 그건 불가능하다는 이야기를 듣고 장래희망을 바꾸었던 것이었죠. 그 당시 딸이 다닌 고등학교는 지방의 작은 일반고였고, 개교 이래 15년 동안 의대에 진학한 학생은 단 한 명뿐이었습니다. 그것도 3년 내내 전교 1등을 놓치지 않은 학생이 유일했다고 합니다. 그러니 선생님들은 전교 1등도 의대에 진학하기 어렵다는 편견을 갖고 있었고, 전교 1등은커녕 반에서 1등도 못 한 우리 딸은 당연히 의대에 갈 수 없다고 생각한 것이죠.

그러나 큰딸은 중학생부터 '뇌 덕후'가 되어 뇌신경계 지식에 통달했고 과학 수업 해부 실험도 좋아했기에, 아이가 의사라는 꿈을 꾸지 못할 이유가 없었습니다. 꿈을 꾸는 데 자격 같은 건 필요하지 않으니까요.

"세상에 할 수 없는 건 없어. 포기하지만 않는다면 말이야. 너가 정말 의사가 되고 싶다면 시간이 좀 걸리더라도, 재수 삼수를 하더라도 너가 정말 하고 싶은 일을 하렴. 너는 충분히 그런 능력이 있어. 그까짓 시험문제 1~2개 더 맞히는 게 뭐가 중요하겠어. 또래 중에서 너보다 '뇌'를 더 사랑하고 장차 뇌 수술을 잘할 친구는 찾기 힘들 거야. 너는 정말 의사가 될 수밖에 없는 아이야! 그러니 전 우주가 널 도울 거야! 너는 반드시 꿈을 이룰 거야!" 저는 딸에게 거듭 무한 긍정과 자신감을 심어주었습니다.

그래서 큰딸은 고등학교 1학년 말부터 연구와 수술을 다할 수 있는 '신경과 교수'로 꿈을 바꾸고 의대를 목표로 공부했습니다. 목표가 명확해지니 그에 따라 모든 생각과 행동이 바뀌었지요. 의대를 가기 위해 더 열심히 공부했고 성적도 많이 올렸습니다. 그리고 의대 진학을 위한 생기부 내용도 스스로 만들어나갔습니다.

기존에 의대를 가려는 학생이 없었으니 학교에서도 관련 활동에 대한 지원이 전혀 없었고 다른 학교에 비해 생기부 내용이 부실할 수밖에 없었습니다. 처음에는 의학동아리를 만들려고 동아리 부장 선생님께 요청드렸으나, 학교에 이미 생물 동아리가 여러 개 있다는 이유로 거절당했습니다. 그러나 큰딸은 포기하지 않고 의대, 간호대, 뇌과학, 생명과학 등에 관심 있는 친구들을 10여 명 정도 수소문해서 제안서를 작성하고 집요하게 설득해 결국 의학동아리를 창설했습니다. 여기서 끝이 아니었죠. 큰딸은 '뇌과학 올림피아드'를 준비하기 위해 그간 공부하며 쌓아온 지식을 토대로 교육자료도 직접 만들어 나눠주었고 스터디도 활성화했습니다. 외부 강사를 초빙하거나 현장 견학 등을 준비하면서 동아리 활동도 활발히 전개했습니다. 결국 그 의학동아리는 전교에 소문날 정도로 뛰어난 동아리로 성장했고, 다음 해에는 우수 동아리로 선정되어 학교로부터 지원금까지 받았습니다.

학생회 부회장이 되고부터는 '학생 테드'라는 프로그램을 기획해 학생들 각자가 자신의 관심 분야에서 학습한 것과 연구 성과를 발표하는 시스템을 만들었습니다. 학생들이 자신만의 테드 강의를 준비하는 과정 중에 자신의 가능성과 꿈을 키워나가도록 했고, 본인도 자신의 강점을 살려서 의학과 뇌과학 분야의 다양한 활동들로 생기부를 알차게 채울 수 있었습니다. 그 고등학교 개교 이래 최고로 알찬 생기부가 탄생하게 된 것이죠.

강렬한 확신이 가능성을 끌어당기다

그런데 모든 것이 잘 되어가다가 갑자기 문제가 생겼습니다.

큰딸이 고등학교 2학년 2학기와 고등학교 3학년 1학기 때 연속으로 수학 시험을 망치면서 3등급이 두 번이나 나와버린 것입니다. 처음엔 실수려니 했는데, 고3 여름에 다시 검사해 보니 난독증이 다시 악화된 것이었습니다. 하루 다섯 시간밖에 못 자며 동아리 활동, 학생회 활동, 테드 활동 등을 주도하다 보니 육체적으로 정신적으로 번아웃이 온 것이었죠. 에너지가 소진되니 딸 아이의 가장 약한 부분이 더 두드러지며 문제를 일으킨 것입니다.

국어는 읽기 훈련을 열심히 한 덕분에 늘 1등급을 유지했지만 오히려 수학이 문제였어요. 짧은 시간에 어려운 문제를 풀게 되니, 긴박한 상황에서 숫자를 잘못 보고 계산 실수를 저질렀던 것입니다. 그 뒤 컨디션을 관리하면서 몇 달 만에 다시 안정을 찾았지만, 한번 내신 성적이 떨어지니 학교에서는 아이의 의대 지원에 부정적이었습니다. 그럼에도 우리는 소신을 굽히지 않고 수시 원서 여섯 장을 모두 의대에 지원했습니다. 그리고 운 좋게 한 대학 서류전형에 합격했으나 의대 최저등급을 맞추지 못해 결국 떨어지고 말았어요.

딸아이도 저도 힘든 시기였지요. 그래도 저는 딸을 계속 격려하며 확신을 심어주었습니다. 그 격려에 힘입어 우리 딸은 수능 이후 아무도 공부하지 않는 시기에 홀로 내신 공부에 몰두해 전 과목 1등급을 만들었습니다. 내신을 올려 재수에 유리한 상황을 만든 것이죠. 그렇게 올린 내신도 여전히 최상 위권 성적은 아니어서, 재수할 때도 선생님에게 의대 대신 공대로 하향지원하기를 권유받았어요. 그러나 우리는 포기하지 않았습니다. 저는 저와 딸의 잠재의식에 대고 끊임없이 외쳤습니다.

"우리 딸은 의대에 갈 수밖에 없는 아이야. 반드시 의대에 합격할 거야."

큰딸은 수능 최저등급을 아슬아슬하게 맞추면서 의대에 합격했습니다.

사실 저는 딸의 자소서를 수백 번 반복해 읽고 첨삭해주다 보니 스스로 강렬한 최면에 걸려 미친 확신을 가지고 있었어요. 얼마나 강하게 확신했냐면 서울대 의대 서류전형에 딸아이가 떨어졌을 때, 왜 떨어졌는지 이유를 알고 싶다고 학교에 전화해 물어볼 정도였어요. 그만큼 아이가 의대에 합격할 수밖에 없다는 당위성에 미쳐 있었던 거죠. 지금 생각해보면 제정신이 아니었어요. 그런데 나중에 알고 보니, 딸이 의대에 합격한 것은 정말 기적이었어요. 당시 딸은 수학 3등급이 2개나 있었고, 의대에 지원하는 친구들은 보통 생물2 화학2까지 선택하는데 우리 딸은 물리2를 선택해, 의대 수업을 따라가기에는 불리한 상황이었죠. 그래서 한 군데 외에는 어떤 대학에도 서류조차 통과하지 못했던 것이었습니다.

딸이 붙은 대학은 이례적으로 서류전형 전에 면접 심사부터 했습니다. 행운이었죠. 딸은 내신성적과 서류심사에서는 더 우수한 친구들과 경쟁하기 어려웠지만, 학생회 활동을 통해 개발된 뛰어난 발표 능력 덕분에 면접만큼은 자신이 있었습니다. 그래서 교수님께서 면접 보실 때 아주 마음에 들어 하셨다고 합니다. 나중에 알게 된 사실인데, 전년도에 합격생들의 태도에 실망하신 교수님께서 그해만 이례적으로 서류심사 전에 인성부터 확인해야겠다며 면접을 먼저 보는 전형을 만들었던 것입니다. 이 제도는 우리 딸이 입학한 딱 그해에만 시행되고는 없어졌습니다. 마치 우리 딸의 간절한 소원을 들어주기 위해 우주가 만들어준 기회 같았죠.

그리고 개교 이래 15년 동안, 3년 내내 전교 1등을 한 학생 한 명을 제외하고는 의대를 보내본 적이 없었던 고등학교, 전교 1등조차 의대에 가기 힘들다는 고정관념을 가진 그 학교에서, 우리 딸은 기존의 틀을 완전히 깨버렸습니다. 딸은 온전히 제 힘으로 환경을 개척해냈습니다. 의사가 되겠다는 꿈, 의대에 진학하겠다는 목표를 세우니 실제로 꿈을 이룰 수 있는 아이디어들이 떠올랐고, 그것을 행동으로 옮기니 우주도 유리한 상황을 만들어서 도와주었습니다. 덕분에 딸이 창설한 의학동아리 후배들은 그 뒤부터 매년 몇 명씩 꾸준히 의대에 합격하고 있습니다. 그러니 선생님들과 학생들의 인식도 바뀌게 되었죠. 결국 우리 딸이 꿈을 이루는 데 성공함으로써 후배들에게 새로운 길을 열어준 것입니다. 지금 큰딸은 의대에 입학해서도 5년간 장학금을 받을 만큼 상위권 성적을 유지하며 즐겁게 공부하고 있습니다.

제가 딸의 부족한 점에 집중하는 대신 장점에 집중해주고, 잠재된 가능성을 믿어줌으로써 엄청난 잠재력을 끄집어내 현실화시킨 것입니다. 이것은 절대 우연이 아니라고 저는 확신합니다. 저와 딸의 꿈에 대한 강한 확신이 온 우주의 가능성의 장을 끌어당겨 현실화시킨 '시크릿'이라고 믿습니다.

새로운 차원의 운명으로 이동하다

거센 폭풍을 가까스로 넘긴 뒤 한동안은 마음 공부와 명상에
몰두하며 관련 책들을 읽어나갔고 저를 둘러싼 모든 것에 감
사해하는 시간을 가졌습니다. 제 의식이 달라지고 관점이 바
뀌니 소원했던 부부 사이도, 방황하던 아이들도 하나둘 제자
리를 찾았고 잘 풀리기 시작했습니다. 특히 재수를 하던 큰딸
이 의대에 합격했을 때는 온 가족이 기쁨에 들뜨기도 했었죠.
그러나 아이 입시가 끝나니 그간의 긴장이 풀리면서 다시 몸
이 아프고 울적한 감정이 찾아왔습니다. 사람의 잠재의식이
그렇게 단기간에 바뀔 수 있는 게 아니었던 거죠.

'지금은 아이들 입시만 생각하자.' 이 생각 하나로 긍정
에너지를 끌어모으다가 막상 목표가 이루어지고 나니, 잠시
잊었던 암담한 현실에 다시 직면했습니다. 여전히 빚은 10억

그대로였고, 건강도 좋지 않았습니다. 온종일 일하는 것도 너무 힘겹게 느껴졌습니다. 20년 넘게 비좁은 약국 안에 갇혀 일만 하는 삶이 답답했어요. 더는 이렇게 살고 싶지가 않았습니다. 저도 다른 사람들처럼 자유롭게 돌아다니며 자연을 즐기고 혼자만의 시간을 갖고 싶었습니다.

이제 아이들이 모두 잘되었으니, 이번에는 제 자신의 인생을 바꿀 차례가 되었다고 생각했습니다. 그래서 책에서 배운 대로 잠재의식을 바꾸어주는 성공의 법칙들을 실천해보자고 굳게 마음먹었죠.

하지만 처음에는 어디서부터 어떻게 제 잠재의식을 바꿔나가야 하는지, 나에게 절실하게 필요한 변화는 무엇인지 막막하고 혼란스러웠습니다. 단순히 빚을 갚는 게 목표가 아니라, 인생 전반에 큰 전환이 필요하다고 느껴졌습니다. 돈만을 목표로 하기보다는 삶의 모든 면에서 더 나아지고 더 자유로워지고 싶었어요. 그러나 너무 오랜 시간 저의 감정과 욕구를 억누른 채 가족들을 위해 헌신하다 보니, 정작 제가 무엇을 좋아하고 무엇을 진정으로 원하는지조차 잘 모르는 상태였죠.

현상 너머의 진실을 볼 수 있는 지혜

저는 제 내면부터 탐구해야 했습니다. 제 내면의 큰 존재에게 연결되고 싶었죠. 그렇게 저를 내맡기는 마음으로 300배 절을 하기 시작했습니다. 절을 하는 동안은 몸은 고되었지만 머리만큼은 맑아졌습니다. 그리고 300배가 끝나면 명상으로 들어가 깊은 고요 속에서 간절한 마음으로 제가 진정 원하는 것이 무엇인지를 느껴보았습니다.

이제는 더 이상 과거처럼 무지의 늪에 빠져서 잘못된 선택을 반복하며 인생을 허비하고 싶지 않았습니다. 겉으로 보이는 현상 너머의 진실을 볼 수 있는 지혜를 가지고 싶었습니다. 그리고 경제적으로도 정신적으로도 자유로워져서 평온함 속에 머물고 싶었습니다. 육체적으로도 약국이라는 좁은 공간에 갇혀 있기보다 자유롭게 돌아다니며 건강하게 살고 싶었어요. 저는 이 모든 것을 다 이루고 싶었기에 "깨달음과 정신적, 육체적, 경제적 자유"라는 문구를 매일 100번씩 쓰기 시작했습니다.

목표를 잠재의식에 강하게 새겨 넣는 방법으로 '100일 동안 100번 쓰기'를 선택한 것이지요. 이 방법은 자수성가로 수천억 자산가가 된 김승호 회장이 강력하게 추천했던 자기 암시법입니다. 예전에는 이런 것들에 심드렁했고 딱히 믿고 싶지도 않아서 시도해볼 생각조차 하지 않았어요. 그러나 의식의 균열이 생기고 난 뒤 제 믿음 체계에 변화가 생겼습니다.

보통은 100번 쓰기를 할 때 구체적이고 명확한 목표를 적는 게 좋다고 하지만, 그때 저는 구체적인 계획을 세울 수 있는 단계가 아니어서, 제가 진정으로 원하는 바를 짧게 압축한 문구를 매일같이 쓰며 이것이 제 잠재의식에 깊이 새겨지기를 바랐습니다. 그 당시 제게는 그것이 최선이었지요.

그럼에도 불구하고 100번 쓰기의 기적은 확실히 이루어졌습니다. 저는 이것이 100일 동안 잠재의식을 아주 강하게 세팅할 수 있는 확실한 방법이라고 확신합니다. 처음에는 반신반의했지만 100일간 목표를 써나가면서 점점 제 무의식이 달라지는 것을 체감했습니다. 간절한 마음으로 목표를 떠올리고 그것을 반복하는 행위는 무의식을 바꾸고, 영혼의 목표를 향해 나아갈 수 있는 가능성의 장을 열어줍니다. 덕분에 저는 소원을 이루는 최적의 코스를 인도받게 되었습니다.

100번 쓰기를 시작한 것이 2019년 1월 초였는데, 며칠 지나니 내면의 상태가 달라지면서 큰 부를 이루게 될 거란 믿음이 생겼어요. 2022년까지 3년 안에 10억 빚을 갚고 2025년까지 100억 자산가가 되겠다고 일기장에 적었습니다. 누군가 이걸 봤다면 정신 나간 사람이라고 비웃었을지도 모르죠. 그런데 저는 이 말도 안 되는 거창한 계획을 세우고부터 확신을 가지게 됐고 아주 희망적이 되었어요. 명상과 100번 쓰기가 제 잠재의식을 실제로 바꾸고 있었던 것입니다. '다른 누군가가 해냈다면 분명 나도 할 수 있을 거야!' 밑도 끝도 없이 자신감이 생겼어요. 이 확신은 내면 깊은 곳에서부터 오는 것이었어요. 내 영혼은 더 큰 풍요를 원한다는 걸 느낄 수 있었습니다.

그리고 100번 쓰기를 시작한 지 두 달쯤 지났을 때 진짜 변화가 나타나기 시작했습니다.

100번 쓰기의 기적

처음에는 상황이 더 나빠지는 것처럼 보였습니다. 그 당시 저는 지은 지 15년이 된 아파트에서 6년째 전세살이를 했는데, 분양 당시 인테리어 그대로 살고 있었기에 집이 꽤 낡은 상태였습니다. 위층에서 수도가 새는 바람에 물난리가 나 마룻바닥이 뜨기도 했죠. 몇 년 전 같은 단지의 다른 동에 전세를 끼고 집을 사기는 했지만, 그 역시 빚을 지고 산 터라 전셋집 인테리어에 돈을 쓰기도, 이사 비용을 쓰기도 아까워 그대로 살고 있었습니다.

그러던 어느 날, 우리 집 세입자가 이사를 가기로 했는데

역전세난으로 다음 세입자를 구하기 어려운 상황이 되었습니다. 어쩔 수 없이 우리가 그 집으로 들어가야 했습니다. 그 집 역시 낡기는 매한가지라 수리를 하지 않고는 이사를 갈 수 없는 상황이었죠. 최소한의 비용으로 집수리를 하더라도, 이사 비용과 인테리어 비용까지 합하면 2~3천만 원의 돈이 필요했어요. 그러니 이사하지 않고 버텨보려고 애를 많이 썼지요.

그러나 막상 어쩔 수 없이 이사를 해야 하는 상황이 되자, 돈의 손실에 초점을 맞추기보다는 제가 누릴 수 있는 것에 초점을 맞추자고 마음먹었습니다. 이사를 할 즈음은 제가 '100일간 100번 쓰기'를 다 마치고 났을 때였죠. 집수리를 하고 나니 꼬질꼬질하고 우중충했던 낡은 집이 밝고 화사한 새 집으로 완전히 바뀌었어요. 내가 이런 풍요를 누려도 되나, 하는 이상한 거부감마저 들었습니다. 생각해보니 친정이나 시가를 위해서는 큰돈도 아끼지 않고 척척 쓰면서, 정작 제 자신을 위해서는 돈을 쓰는 데 인색했어요. 절약이 항상 몸에 배어 있었습니다. 생존에 대한 두려움으로 미래를 대비하는 데만 몰두한 제 잠재의식이 '안 입고 안 먹는' 빈곤한 현실에 안주하는 것을 익숙하고 안전하게 느꼈던 것이죠. 어느덧 그렇게 세팅되어 있었던 것입니다.

노트에 "정신적, 육체적, 경제적 자유"를 100번씩 적는 동안 우주가 강제적으로 상황을 만들어주었지만, 처음에 저는 이사 가는 것을 미루고 돈을 아끼려고 필사적으로 애썼습니다. 하지만 잠재의식에 주문은 이미 내려졌기에 제가 아무리 저항을 하려 해도 꽉 붙들려 끌려가는 느낌이 들었어요.

마치 우주가 제게 이렇게 이야기하는 것 같았습니다. "네가 경제적으로 자유롭고 풍요롭고 싶다고 했잖아. 그런데 왜 스스로 그런 상황을 거부하는 거야. 네겐 그 정도 돈 따위 아무것도 아니야. 그보다 더 큰 부를 누릴 큰 잠재력이 네 안에 있어. 그러니 그만 저항하고 힘을 좀 빼라고. 그냥 가벼운 마음으로 풍요를 누려. 우주에는 네가 마음만 먹으면 언제든 누릴 수 있는 무한대의 풍요가 있어. 그까짓 2~3천만 원 아끼며 궁상 좀 그만 떨어. 왜 스스로의 능력을 그렇게 작게 제한하는 건데. 네가 적은 소원대로 그냥 누리라고. 자기가 주문을 해놓고는 왜 자꾸 거부하고 도망치는 거야. 제발 그만 네 소원을 받아들이라고!"

정말 그랬어요. 몇 년 안에 10억 빚을 갚고 수백억 부자가 되겠다는 거대한 목표를 세워놓고서는 저도 모르게 기존의 잠재의식에 프로그램된 패턴대로 풍요를 누리고 자유로워지는 것에 저항하고 있었던 거죠. 그저 과거부터 익숙했던 가난한 환경에 머물려고만 하고 있었어요. 이것을 깨닫고 저에게 우주가 보내준 풍요를 받아들이기 시작했습니다. 그러니 같은 상황에서 세상이 완전히 다른 관점으로 보이기 시작했습니다. 세입자를 못 구해 이사해야 하는 상황이 불운이 아니라 행운으로 느껴지고 우주가 보내준 선물 같았어요. 돈의 손실에 집착할 때는 괴로웠던 마음이 갑자기 한순간에 바뀌면서 행복해지고 모든 것이 감사했습니다.

매일 아침 눈을 뜰 때마다 새집에서 느껴지는 자유로움과 풍요를 누리며 감사한 마음이 저절로 일어났어요. 이렇게 깨끗한 집에 살 수 있음에 감사하며 마치 제가 부자가 된 느낌이 들었죠. 같은 단지 아파트에서 다른 동으로 이사한 것뿐이었지만 왠지 모르게 제가 다른 차원으로 이동한 느낌이 들었습니다. 매일 다니는 길이 달라졌고 만나는 사람들도 달라졌습니다. 기존에 조금 불편한 관계였던 사람들과도 자연히 정리되면서 만날 일이 없어졌어요. 묘하게 저의 현실 주파수가 바뀌었다는 느낌이 들었습니다. 어둡고 빈곤한 환경의 에너지장에서 밝고 풍요로운 에너지장으로 옮겨온 느낌이었어요.

가능태 공간

이때 제가 론다 번의 《시크릿》보다 더 감명 깊게 읽었던 책이 바로 바딤 젤란드의 《리얼리티 트랜서핑》이었어요. 러시아 물리학자인 바딤 젤란드는 이 책에서 시크릿의 끌어당김의 법칙을 실현하는 방법을 색다른 관점으로 설명하고 있습니다.

바딤 젤란드는 '가능태 공간'을 이야기하는데, 이것은 무한한 가능성을 담은 무한한 정보의 공간입니다. 우리가 살고 있는 이 현실의 무한한 다른 버전들이 '가능태 공간' 안에 있고, 우리는 그중 하나의 버전을 현실화시켜서 체험하고 있다는 것입니다. 그리고 의도를 통해 생각을 물질화시킴으로써 다른 삶의 흐름으로 갈아타는 것을 '트랜서핑'이라고 그는 설명합니다. 이 책은 가능태 공간 속에서 자신이 원하는 삶의 흐름을 선택하는 방법을 다루고 있습니다. 우리는 무한한 가능성의 평행우주에 동시에 존재하는 다차원의 존재이고, 우리가 어떤 에너지 주파수에 맞추느냐에 따라 다른 차원의 평행우주를 끌어당겨 이동할 수 있다는 평행우주 이론과 끌어당김의 법칙이 결합된 버전이라고 할 수 있습니다.

저는 이때 이러한 '트랜서핑'을 실제로 경험했습니다. 정말 매일 마주치는 사람과 현실이 완전히 달라지고 제 기분과 에너지장이 바뀌었습니다. 이때부터 제 삶은 변화하기 시작했고 다른 주파수의 사람들과 환경들 속으로 들어가게 되었습니다.

새집으로 이사하고 한 달 정도 매일 행복감과 풍요로움을 느끼며 저도 모르게 수시로 '감사합니다'를 중얼거리게 되었어요. 의무적으로 하는 감사가 아니라 저절로 모든 것에 감사한 마음이 생겨났습니다. 이러한 제 긍정에너지가 우주에 전달되면서, 저는 그 후 삶을 비약적으로 바꿀 엄청난 행운을 만났습니다. 새로운 차원의 운명으로 이동하게 된 것이죠.

2장

10억 빚을 갚게 해준

잠재의식의 힘

인간은 육체에 국한된 존재가 아니라 의식의 존재입니다. 그래서 어떻게 생각하고 어떤 마음 상태를 가지느냐에 따라 성공과 풍요를 창출할 수 있습니다. 당신에게 일어나는 일이 만족스럽지 않은가요? 되는 일이 없나요? 세상이 불공평하게 느껴지나요? 진정으로 현실을 바꾸고 싶다면 부정적 생각부터 버려야 합니다. 나는 '되는 사람'이라고 믿으세요. 그리고 꿈꾸세요. 우리가 잠재의식에 바라는 것을 새겨 넣는 순간, 우주는 생각지도 못했던 경로를 탐색하고 최상의 방법을 찾아 그 꿈을 반드시 이루어줍니다.

가슴 뛰는 목표와 롤모델을 만나다

새집으로 이사 후 저는 풍요의 에너지장에 머물며 하루하루 감사한 마음으로 보내고 있었습니다. 하지만 어떻게 목표에 도달해야 하는지 방법을 전혀 알지 못했어요. 그저 우주에 주문을 내렸으니 가장 좋은 때에 가장 좋은 방법으로 이루어줄 것이라 믿으며 내맡기고 있었습니다. 그러던 어느 날, 운명을 바꿀 기회는 전혀 예상치 못한 곳에서 찾아왔습니다.

이때 저는 건물 3층에서 처방전 조제를 위주로 하는 약국을 운영하고 있었어요. 그런데 20년 넘게 약국에 갇힌 채 매일 반복되는 단순 조제 업무를 하다 보니 지쳐 있었습니다. 나도 먹고 싶지 않은 진통제와 항생제 등의 합성약을 투약하면서 보람을 전혀 느낄 수 없었죠. 마치 조제 기계가 되어버린 느낌마저 받았습니다. 그래서 어떻게든 경제적 자유를 달성하면 약국을 그만두고 싶었습니다.

　　그러던 어느 날 밤에 약사회에서 한 통의 문자가 왔습니다. 이번 학술대회에 참여해달라는 내용이었죠. 저는 전혀 관심이 없었기에 그냥 무시했습니다. 그런데 다음 날 아침에 벌떡 일어나서 학술대회로 향하게 되었어요. 정확한 이유는 알 수 없었지만 그냥 가야 할 것 같았습니다. 내면의 영감이 저를 그곳으로 이끌었던 것이죠. 그러나 막상 학술대회에 참여해 강의를 듣고 있자니 너무 지루했고 내가 여기 왜 온 걸까 싶었어요. 그러다가 쉬는 시간에 각 학회 소개 부스를 둘러보다 그제서야 제가 이곳에 온 이유를 알게 되었습니다. 바로 제 운명을 바꿀 한 학회를 만난 것이었습니다.

새로운 만남 새로운 패러다임

저는 태어날 때부터 약하게 태어나서 평생 여러 질병에 시달렸습니다. 경제적으로 어려운 상황에서 아이들 교육과 약국 일을 병행하느라 몸을 혹사했고 그 탓에 40대 나이에 수술도 여러 차례 받았습니다. 그래서 대체의학 분야에 관심이 많았습니다. 이런 제 관심을 제 일과 연결시키고도 싶었죠.

　　의약분업 전에는 한방과 영양요법으로 피부질환이나 비

염 등 만성질환을 앓는 환자들의 상태가 좋아지는 경험을 하면서 약국 근무가 재미있었습니다. 그러나 의약분업이 되고 난 후 병원 앞에서 조제전문약국을 하고부터는 상황이 달라졌습니다. 돈을 벌기 위해서는 처방전조제전문약국을 운영해야 했고, 그래서 처방전이 많이 나오는 병원 밑의 약국 자리를 알아보러 다니다가 약국 브로커에게 1억 가까이 사기를 당하기도 했습니다.

생각해보면 제 능력이 아니라 다른 사람에게 의존해서 돈을 벌어야 하는 처방전 위주의 약국은 항상 위험과 변수가 따르는 선택이었어요. 병원이 이사 가거나 갑자기 문을 닫으면 언제든지 큰 권리금을 날릴 수 있는 상황이었죠. 거기에다가 병원 눈치도 봐야 했고 부작용이 따르는 합성약을 투약하면서 늘 마음이 편하지 않았습니다. 그런데 그때 학술대회에서 자연 영양요법 학회를 만나면서 저는 새로운 희망을 보았습니다.

그 학회의 최초 학술이사였던 김 약사님은 의약분업 후 20년간 처방전이 없는 자리에서 홀로 자신만의 철학을 가지고 자연 영양요법을 활용해 암과 난치성 환자의 치유를 돕는 일을 해오신 분이었습니다. 지방과 해외에서도 약국을 찾아올 정도로 늘 고객이 많았고 그 결과 월 수억 원대의 높은 매출을 올리고 계셨습니다.

특히 저를 가장 고무시킨 것은 일산 암센터에서 항암과 수술 등 모든 치료를 다 했지만 한 달을 넘기기 어렵다는 시한부 선고를 받은 식도암 말기 환자가, 식물영양소를 투약하면서 퇴원해도 좋을 정도로 몸을 회복한 사례였습니다. 시부모님과 친정 엄마 모두 암으로 돌아가셨기에 암에 대한 불안감을 늘 가지고 있던 제게는 큰 희망을 안겨주었지요.

저는 이후 그 학회와 완전히 사랑에 빠졌습니다. 마치 첫사랑을 다시 만난 것처럼, 매일 아침 눈 뜨면서부터 밤에 잠들 때까지 오직 자연 영양요법 생각만 했습니다. 그리고 학회의 첫 학술이사셨던 김 약사님처럼 되고 싶다는 꿈을 갖게 되었어요. 아픈 사람들의 치유를 돕고 보람을 느끼는 일을 하면서, 동시에 경제적 부도 이룰 수 있다는 사실에 완전히 매료되었지요. 기존 패러다임을 완전히 깨는 신세계를 목격한 것 같았습니다.

그래서 더 배우고 싶은 마음에 김 약사님 약국을 찾아갔습니다. 원래 저는 소극적이고 내성적이라 남에게 부탁도 잘 못 하는 편이었지만, 간절히 이루고 싶은 꿈이 생기니 용기가 솟아 과감하게 행동하게 되었습니다. 거절하면 어쩌나 하는 제 우려와 달리, 김 약사님은 친절하게 자신의 상담 방법을 알려주시고 공부할 자료도 챙겨주셨죠. 그리고 자연 영양요법에 기반한 제품을 만드는, 학회 관련 회사의 장외주식도 추천해주셨어요. 저는 조언대로 장외주식을 매수했고, 김 약사님을 롤모델 삼아 훌륭한 자연 영양요법 상담 약사가 되기로 결심했습니다.

그래서 학회 강의를 수십 번 반복해서 공부했습니다. 약국을 찾는 환자들에게 설명도 시작했어요. 그러나 며칠이 지나도 성과가 전혀 없었지요. 저는 영업에는 정말 소질이 없는 사람이었어요. 손님이 물어보기 전에는 먼저 영양제를 권하는 법이 없는 아주 소극적인 약사였던 제가, 적극적으로 식품을 판매하거나 영양요법을 상담하기는 쉽지 않았습니다. 하지만 학술 강의를 듣고 고무되어서 갑자기 수천만 원에 달하는 제품들을 주문해 약국에 채워 넣었지요. 그러니 주변인들은 매일 걱정을 늘어놓았습니다. 새로운 돌파구가 필요했습니다.

간절함이 만들어준 기회

그 무렵 갑자기 유튜브 알고리즘에 성공학 코치의 영상이 떴습니다. 저는 이것이 우주가 길을 안내해주는 것이라 여겼고, 그 제안을 받아들여 바로 성공학 워크숍에 참여했습니다. 그때 제 주변에는 온통 제가 해내지 못할 거라고 말하는 부정적인 사람들이 많았기에 제 에너지를 끌어올릴 필요가 있었어요. 한마디로 지원군이 필요했던 것이죠. 워크숍에 참여하니 집단적인 에너지가 모이면서 할 수 있다는 긍정적인 마음이 더 증폭되었습니다. 저는 힘을 얻고 더 빠르게 행동에 옮길 수 있었습니다.

초기에는, 제가 영업능력이 부족하니 관심 없는 손님들을 붙잡고 설명해도 에너지 소모만 많을 뿐 성과가 나지 않았습니다. 그러다가 블로그를 운영해야겠다는 영감이 떠올랐어요. 한 번도 해보지 않은 일이었지만, 블로그 마케팅 책 한 권을 사서 일단 어설프게나마 시작했습니다. 유명 블로거들처럼 멋지게 꾸미거나 글재주가 좋은 것은 아니었지만, 서툴고 부족한 대로 그냥 글을 올렸습니다. 대신 매일 꾸준히 열정적으로 글을 올렸어요.

그리고 원하는 목표를 일기에 썼습니다. 소망하는 모든 것들을 다 붙여놓을 수 있는 비전 보드도 만들었습니다. 제가 학술이사가 되어 스톡옵션을 받는 설정 사진과 강의를 하는 사진도 붙였습니다. 기적적인 치유로 약국 고객이 늘어 월 매출 10배를 달성하는 사진도 붙여놓았습니다. 그리고 제 이름 앞에 학술이사라는 직함을 넣어서 명함을 만들어 가지고 다녔지요.

매일 자기 전에 명상과 함께 시각화도 10분 이상 실천했습니다. 그리고 긍정 확언들도 수시로 중얼거렸죠. 이때는 목표와 완전히 사랑에 빠져 있었기에 아침부터 저녁까지 온통 그 생각만 하며 살았습니다. 그러니 목표를 이룰 다양한 아이디어들이 떠올랐습니다.

당시에 그 학회는 초창기인지라 회원 수가 200명이 채 안 되었기에 다른 학회처럼 시스템이 제대로 갖춰져 있지 않았습니다. 저는 학회를 더 알리기 위해 학회 로고를 사용하기로 하고 인테리어업체와 디자인을 조율한 끝에 간판과 선팅을 새로 제작하고 진열장도 바꾸었습니다. 상담차트에도 회사 로고를 넣어 실제로 활용해보았습니다. 이렇게 학회의 발전을 위해 떠오르는 아이디어를 직접 실천하고 학회에 공유했습니다. 그리고 제 환자들의 임상 사례를 학회 단톡방에 올리기 시작했어요.

그러다 보니 여러 회원 약사님들이 제 인테리어 디자인과 상담차트를 활용하고 싶다고 연락하기도 했고, 임상 사례에 대해 카톡으로 질문을 하기도 하셨어요. 그런 과정에서 동료 약사들로부터 존경한다거나 감사하다는 인사도 많이 받게 되었습니다. 가족 외에는 대인관계가 거의 없다시피 한 저에게는 놀라운 경험이었습니다.

그리고 제 고객이 아니더라도 블로그를 통해 상담 문의

를 해온 분들은 늦은 시간까지 열심히 상담해주었어요. 마치 제가 이미 학술이사가 되기라도 한 것처럼, 학회와 회사를 위해서라면 그게 무엇이든 적극적으로 임했습니다. 이때 저는 더는 과거의 제가 아니었습니다. 완전히 다른 사람으로 다시 태어난 것 같았어요. 과거의 저는 소극적이고 내성적이어서, 사람들 앞에 나서는 것을 극도로 피했고 모임에 나가도 구석에 앉아 늘 조용히 있던 그런 사람이었습니다.

그랬던 제가 간절히 원하는 목표가 생기고 강하게 잠재의식을 세팅하니, 완전히 다른 사람처럼 행동하고 있었죠. 그리고 너무나 빠르게 기적 같은 일들이 일어났습니다.

목표를 쓰고 비전 보드에 붙인 지 한 달여 만에 놀랍게도 학술이사 제의를 받았습니다. 그리고 2개월 만에 회원 약사님들을 대상으로 강의까지 하게 되었죠. 저는 기대보다 빠른 실현에 깜짝 놀랐고 모든 것이 꿈만 같았어요. '이렇게 빨리 실현이 된다고?' 연신 행복한 비명을 질렀습니다. 정말 믿을 수 없는 일들이 펼쳐지고 있었어요. 1년 후를 예상하고 설정했던 목표들이 모두 굉장히 빨리 이루어진 것이죠. 저는 3개월 만에 실제로 회사에 주 2회 출근을 하게 됐고 결국 스톡옵션 계약까지 했습니다.

원래는 타 학회에서 이미 실력을 인정받은 유능한 약사

님이 학술이사로 내정되어 있었습니다. 그런데 그분이 회사와 갑작스러운 문제가 생기면서 제가 그 자리를 대신 맡는 행운을 끌어당긴 것이었죠.

그저 평범한 동네 약사였던 저는, 당시만 해도 학술적 지식이나 임상적 경험이 별로 없는 상태였어요. 그러나 잠재의식을 강하게 세팅하고 나니 학술이사에 걸맞게 행동하고, 말하고, 연구하게 되었죠. 그리고 그런 적극적 행동 덕분에 학회에서 갑자기 유명인사가 되었고, 몇 달 만에 학술이사가 되는 행운을 끌어당겼습니다.

3개월 만에 매출 10배 상승의 기적

기존에 영업에 소극적이었던 제 약국은 매출이 몹시 저조했습니다. 제가 약국을 하던 신도시는 역세권이었지만 건물마다 약국이 하나씩 있을 정도로 약국이 포화상태여서 1층 약국들조차 그렇게 매출이 높지 않았습니다. 그런데다 제가 운영하는 약국은 3층이라는 위치적 특성 때문에 매약 매출이 더 바닥이었습니다.

당시만 해도 저는 처방전에만 90퍼센트 이상 수익을 의존하는 형태로 약국을 운영했고, 다른 방법으로 매출을 늘릴 수 있다는 생각을 하지 못했어요. 매약 매출을 올리기 위해서는 목 좋은 1층 자리의 약국을 운영해야 한다고 생각했지만, 어차피 1층으로 이전하면 임대료가 훨씬 비싸지니 더 벌어봤자 월세를 내면 남는 게 없다는 식으로, 소극적인 생각만 했습니다. 가난에 길들여진 저는 늘 안되는 것에만 초점을 맞추고 있었어요. 그러니 늘 빈곤한 현실을 경험했죠.

공격적인 블로그 운영이 상담 전화 연결로

그랬던 제가 잠재의식을 재설정하고 몇 달 만에 기적 같은 체험을 했습니다. 가슴 뛰는 목표와 롤모델을 따라 성장에 초점을 맞추니 어느덧 약국 매출이 획기적으로 늘었습니다. 이때 블로그를 빠르게 시작한 것이 신의 한 수였습니다. 그때는 학회 회원 수가 점점 늘고 있었지만, 제대로 홍보하는 채널은 없었던 상태였습니다. 그런 상황에서 제가 블로그를 열심히 하다 보니, 회사 이름을 검색하면 제 블로그가 회사 홈페이지보다 상위에 노출되는 상황이 6개월 이상 지속되었습니다. 제가 그 학회 최초로 블로그를 운영했고, 한동안은 유일하게 블로그를 운영하는 약사였기에 생각보다 빠르게 블로그가 성장했습니다. 그래서 블로그를 개설하고 한 달 정도 지나니, 하루에 상담 문의가 2~3건씩 들어오기 시작했지요. 그리고 상담하신 분들이 주변 지인을 소개해주면서 상담 건수가 점점 더 늘어났습니다. 그러자 놀랍게도 3개월 만에 매출이 10배로 뛰었습니다. 기존에 학회 가입 전에는 월 매출이 약 300만 원에 그쳤는데, 학회에 가입하고 블로그를 개설해 상담을 시작하자 순식간에 매출이 3천만 원까지 늘어난 것입니다.

　기존에 약국을 방문하는 환자들에게는 아무리 열심히 제품 설명을 해보아도 반응이 없었습니다. 약국 안에서 저는 그저 작은 동네 약국의 약사일 뿐이고, 장삿속으로만 보였을 뿐이었죠. 그러나 블로그를 통해서 검색해보고 약국에 직접 연락하거나 찾아오는 분들은 완전히 달랐습니다. 이미 제가 올린 글들을 충분히 읽어보고 어느 정도 마음을 정하고 오셨기에 상담하면 거의 구매로 이어졌습니다. 그리고 대부분 제가 블로그에 영양요법 정보를 제공한다는 사실만으로도 저를 실력 있고 믿을 만한 약사라고 신뢰를 해주었습니다.

　몇 달 만에 저는 완전히 다른 차원의 새로운 존재가 된 것 같았습니다.

가능하다는 믿음이 '플라시보 효과'로

학회 활동을 한 지 얼마 되지 않아, 저는 최초 학술이사였던 김 약사님과 함께 놀라운 임상 사례들을 발표하기 시작했고 학회 회원 약사님들에게 주목을 받았습니다. 김 약사님은 20년 넘게 암 환자와 난치성 환자들을 상담하고 관리해온 자신만의 내공과 에너지가 있었기에 당연한 일이었지만, 저처럼 난치성 중증 환자들을 이제 막 상담하기 시작한 약사가 어떻게 그렇게 좋은 성과를 내게 되었을까요? 물론 저 또한 모든 케이스가 성공한 것은 아니었지만 아주 유의미한 사례들이 많이 나왔습니다.

단순히 이론을 공부하는 것과 실전에서 환자를 상담하고 관리하는 것은 다른 문제입니다. 왜냐하면 인간은 너무나 복잡한 존재이기 때문이죠. 인간은 무의식과 환경에 영향을 많이 받고 그만큼 변수도 많습니다. 아무리 학술적 이론에 맞는 좋은 물질을 몸에 투여해도 그 물질의 에너지를 넘어서는 의식의 힘이 부정적으로 작용하면, 이론과 달리 몸은 다시 악화될 수 있습니다. 반대로, 아무런 효과가 없는 물질을 투여해도 좋아지리라는 긍정적인 의식의 힘이 작용하면 실제로 좋아지게 됩니다. 이것이 바로 그 유명한 '플라시보 효과'죠.

저는 학술 지식은 부족했지만, 바로 이 '플라시보 효과'를 활용해 성과를 냈습니다. 인간은 육체에 국한된 존재가 아니라 의식의 존재입니다. 따라서 어떻게 생각하고 어떤 마음 상태를 갖느냐에 따라 건강 상태가 완전히 달라질 수 있습니다. 잠재의식을 바꿈으로써 성공과 풍요도 창출할 수 있지만, 인간의 건강도 얼마든지 회복될 수 있음을 저는 믿고 있었죠. 그래서 난치성 환자들을 상담할 때는 치유될 수 있다는 희망과 확신을 심어주는 데 집중했습니다.

현대의학으로 특별한 효과를 기대하기 어려운 질환을 앓는 환자들일수록 처음 상담할 때는 비관적인 마음 상태에 놓여 있었고, 작은 희망이라도 붙잡고 싶은 심정으로 약국을 방문하였습니다. 그래서 저는 기적적인 사례들을 얘기해주며 희망을 북돋아주려고 노력했습니다. 그러면 대체로 환자분들도 희망을 붙잡게 되었죠. 시작부터 좋아지리라는 기대를 가지고 복용하니 효과가 더 잘 나타났던 것입니다.

실제로 몇 년간 많은 환자들을 경험하면서 이 부분에 대해 더 명확해졌습니다. 어떤 사람들은 10년 이상 안 좋았던 증상들이 3~6개월 만에 기적적으로 좋아지기도 했어요. 그러나 또 어떤 사람들은 1~2개월 좋아지다가 다시 나빠지거나 전혀 차도가 없는 경우도 있었지요. 그 사람들에게는 어떤 차이가 있을까 하고 나름 연구해본 결과, 기적적으로 치유된 사람들은 제품이나 상담자에 대한 신뢰가 높았고 긍정적인 사고방식으로 희망을 품고 복용했습니다. 반대로 효과를 보지 못한 분들은 대체로 의심이 많고 평상시에 부정적인 사고방식을 가진 분들이 많았습니다. 그래서 저는 환자들의 긍정적인 마인드 세팅을 위해 운동과 명상 등을 함께 실천하도록 지도했습니다. 필요한 분들에게는 마음 관련 상담도 해주고 마음 공부 관련 책이나 동영상들도 추천해주었어요.

과거에 제가 죽을 고비를 넘기며 너무 힘들어서 시작했던 마음 공부와 명상은 지금 제 삶에 큰 도움이 되고 있습니다. 인생의 많은 고난이 저를 이쪽으로 이끌어주었고, 돌이켜 보니 그것이 제 삶에 꼭 필요한 과정이었음에 다시 감사하게 되었죠. 상담을 하다 보면 다양한 고통을 겪는 분들을 만나게 되고, 제 경험을 나눠주며 위로와 공감을 해주기도 했습니다. 그러면 식품을 먹기도 전에 제게 상담받는 것만으로 증상이 반 이상 좋아지는 경우도 있었습니다.

동네의 평범한 약사였던 제가 이렇게 단기간에 놀라운 임상 사례를 내고 학회에 기여할 수 있었던 것은, 어찌 보면 과거의 고통스러운 경험들을 자산으로 활용한 덕분이기도 했습니다.

이렇게 해서 저는 학회와 회사에 인정받으며 완전히 새로운 삶을 살게 됐습니다. 이때 제 머릿속에는 10억 빚에 대한 걱정은 완전히 사라진 지 오래였습니다. 이제는 환자들을 도와주는 보람된 삶과 풍요로운 현실만이 제 의식을 가득 채우고 있었습니다.

그러자 건강 또한 몰라보게 좋아졌습니다. 저는 큰 투자 실패로 엄청난 스트레스를 받은 후 자궁내막증식증이 심해졌습니다. 두 번의 소파수술을 받고 1년 가까이 호르몬 치료를 받았지만, 호르몬제를 며칠만 중단하면 과다 출혈이 일어나는 상태였죠. 그러나 가슴 뛰는 일을 시작하자 한 달 만에 자궁내막 증식증이 완치되는 경험을 했습니다. 그 뒤로 한 번도 재발하지 않았지요. 물론 제가 영양요법과 식이조절을 한 것이 도움이 되었지만, 그것만으로 그렇게 심각했던 몸 상태가 단기간에 치유되기는 어려웠습니다. 저는 그때 진정으로 영혼이 원하는 일을 하면서 기쁨과 감사의 고양된 마음 상태에 도달했습니다. 그러자 제 진동 주파수가 상승하면서 제 육체는 더 이상 질병이 남아 있기 어려운 상태가 되었던 것입니다.

당시 저는 주 2회 회사에 출근하면서 근무 약사님께 약국을 맡기고 육체적으로도 자유로워졌습니다. 블로그를 통해서 상담 문의를 하시는 분들은 주로 지방이나 먼 곳에 계신 분들이 많았습니다. 그래서 직접 방문하는 대신 전화나 카톡으로 상담을 한 후 택배로 제품을 보내는 시스템이 갖추어졌죠. 그러자 답답한 약국 안에서 종일 갇혀 살던 삶에서 완전히 벗어나서 제 시간을 쓰며 자유롭게 돌아다닐 수 있게 되었습니다. 공원을 산책하거나 여행을 하면서도 전화나 카톡으로 상담이 가능해졌어요.

약국을 벗어나 자유롭게 살면서 보람된 일을 하고 싶다는 저의 소원이 이렇게 단기간에 이루어지다니 정말 놀라웠죠. '잠재의식에 소원을 입력하면, 우주는 정말 내가 생각지도 못했던 최상의 방법을 찾아서 이루어주는구나' 하고 감탄이 절로 나왔습니다.

　제가 100일 동안 100번 쓰기에 매일 적었던 '정신적, 육체적, 경제적 자유'가 이렇게 하나씩 이루어져가고 있다는 것이 경이로웠습니다. 우주의 법칙, 신의 섭리에 감사한 시간의 연속이었죠. 매일이 기적 같은 놀라운 체험의 순간들이었습니다.

목표를 이루기까지 삶이 계속 이렇게 평탄하기만 한 것은 아니었어요. 제가 상담을 시작하고 4개월 이후부터는 다시 난관이 찾아오기 시작했습니다. 상담을 처음 시작할 때 저는 1년 여간의 명상 수련으로 에너지가 상당히 좋았고 잠재의식을 재설정하면서 자신감이 넘쳐서 못 할 일이 없는 상태였습니다. 그래서 드라마틱한 임상 사례들도 많이 나왔습니다. 심각했던 ADHD 아이가 단기간에 좋아졌고, 여러 난치성 환자들이 몰라보게 호전되는 경험을 했습니다.

그런데 어느 순간부터 환자들이 너무 많아지고 제 체력도 점점 고갈되면서 환자들이 다시 악화되기 시작했어요. 그리고 만성 중증질환일수록 해독과 면역, 혈류가 재생되는 과정에서 명현 반응이 아주 격렬하게 나타났죠. 처음에는 임상 경험이 부족했기에 그런 상황에 어떻게 대처해야 할지 혼란 스러운 시간들을 보내야 했습니다.

동료 약사님들 중에는 대체로 어려운 암 환자나 중증 환자는 피하고 쉬운 환자들을 상담하는 분들이 많았어요. 그러나 저는 처음부터 어려운 환자들을 피하지 않고 모두 상담했습니다. 그런 분들이야말로 병원 치료가 별 도움이 안 되었기에 자연치유가 필요한 분들이었으니까요. 그러니 제 앞에는 많은 난관이 기다리고 있었습니다.

이때 저는 주말이나 늦은 밤까지 상담을 하고 잠이 들었는데, 아침에 일어나서 핸드폰을 확인하면 밤새 카톡 문의가 10개 이상 와 있었습니다. 일어나자마자 환자들 돌발상황에 대처하고 답해주다 보면 어떨 때는 밥도 잘 못 먹고 하루가 지날 때도 많았어요. 어려운 환자들을 가리지 않고 상담하면서 다양한 돌발변수들이 나타났고 그 원인을 찾지 못해 난관에 부딪히기도 했지요. 제 무능력에 대한 자책으로 잠 못 이루는 숱한 밤을 보내기도 했습니다.

버티고 살아남는 자는 강해진다

그런데 이렇게 제가 지치고 스트레스를 받아서 에너지가 떨어질수록 반응이 좋았던 기존 환자들마저 다시 악화되는 상황이 일어났습니다. 제 에너지가 좋을 때는 기적적인 치유들이 일어났고, 제가 지치고 에너지가 고갈되어 감정적으로 힘들어지면 다시 악화되는 환자들이 많아졌습니다. 그러면서 치유 작용은 물질의 에너지뿐만이 아니라 치유자의 에너지가 함께 작용한다는 것을 절실히 느끼게 되었죠. 우리 인간은 모두 에너지 상태로 존재하기에, 제 에너지장이 좋을 때는 좋은 결과를 내는 환자와 상황을 끌어당겼지만, 제 에너지장이 안 좋을 때는 반대의 상황을 끌어당겼던 것입니다.

그리고 이때 저는 말기 암 환자들을 많이 상담했기에 에너지 고갈이 더 극심한 상태에 도달했습니다. 에너지 상태가 극도로 낮은 환자들과 오랜 시간 상담할수록, 제 에너지가 계속 소진되고 있다는 것을 느꼈어요. 제가 공감형의 예민한 감각을 소유하다 보니 환자를 상담하고 나면 저 또한 그들의 무기력과 우울, 불안감을 함께 느꼈습니다. 점점 환자 에너지와 동조화되면서 한때는 깊은 우울과 무기력에 빠져 아침에 눈 뜨기조차 싫은 상태에 이르기도 했어요. 어떻게든 에너지 고갈을 극복하기 위해 저는 레이키(기치료), 기공, 명상 등에 더 매달렸죠. 한편으로는 이것이 저를 영적 수련에 더 깊이 빠지게 만드는 계기가 되기도 했습니다.

어려운 환자들을 관리하면서 여러 위기 상황을 겪고, 때로는 관리하던 암 환자의 죽음을 경험하면서 보호자와 함께 아파하고, 제가 돕지 못한 것에 대한 자책감으로 괴롭기도 했습니다. 그래도 고비들을 지나오다 보니 경험이 쌓여 다양한 돌발상황과 명현 반응에 대한 원인과 대처 방법을 알게 되었어요. 시행착오를 통해 배움이 누적된 것이지요. 그 이후 저는 더 많은 환자들을 돕게 되었습니다. 그리고 저의 몇 년간의 경험을 정리한 명현 대처 방법과 환자 상담 방법을 학회 회원들에게 강의하여 실질적인 도움까지 주었습니다.

돌이켜보면 제가 쉽고 편안한 환자들만 상담했다면 이런 배움을 얻지 못했을 것이고 경험치도 확장하지 못했을 것입니다. 비록 힘든 시간을 보냈지만, 몇 년간 난치성질환과 중증 환자들을 상담하는 과정을 통해 저는 더 크게 성장했습니다.

이것은 제가 학술이사 자리를 지켜냈을 때도 마찬가지였습니다.

사실 저는 운 좋게 학회 초창기에 활동을 시작했기에, 처음에는 초대학술이사였던 김 약사님과 함께 학회 내에서 독보적인 존재감을 갖고 있었습니다. 하지만 차츰 학회가 커지고 유명해지면서 타 학회에서 강의하던 유명한 약학박사님들과 스타 유튜버 약사님들이 대거 입성하게 되었지요. 저는 그들에 비하면 학사 출신의 평범한 동네 약국 약사였고 학술적 깊이도 부족한 편이었죠. 유명하고 실력 있는 약사님들이 많이 몰려들자 제 잠재의식 깊은 곳의 열등감이 다시 고개를 들기 시작했습니다. 아무도 저에게 뭐라고 하는 사람이 없는데도 혼자 열등감에 사로잡혀서 스스로 학술이사직을 그만두어야 한다는 압박감에 시달려야 했어요. 저는 그 자리에 어울리지 않는 사람이란 생각이 들면서 더 뛰어난 분에게 맡기고 물러나야 한다는 생각에 자꾸만 스스로 위축되었습니다.

그럴 때마다 저는 "강한 자가 살아남는 것이 아니라 살아남는 자가 강해진다"는 말을 되새기며 버텼습니다. 사실 외부의 그 누구도 아닌 오직 자신과의 싸움이었어요. 어려서부터 잠재의식에 새겨진 부정적인 프로그램들이 스스로를 비하하며 괴롭혔던 것입니다. 정말 지나고 보면 아무것도 아닌, 그저 환상에 불과한 것이었지만 그때 당시에는 저를 너무 고통스럽게 했었죠. 그러나 저는 결국 끝까지 버텨냈습니다. 그저 하루하루 공부하고 경험을 축적하며 그냥 한 걸음 한 걸음 나아갔죠. 그러다 보니 몇 년 후 지식과 경험이 누적되어 천 명이 넘는 학회 약사님들에게 인정받는 존재로 자리매김했고 스스로도 자신을 인정할 수 있게 되었습니다.

주변 사람들 말보다 내면의 영감을 신뢰하면

여기에 도달하기까지 학회와 회사에도 많은 부침이 있었습니다. 지금은 안정적인 틀이 갖춰지면서 규모가 커지고 성장했지만, 초창기에는 학회가 출범한 지 얼마 안 되어 회사에 여러 번의 위기 상황이 찾아왔습니다. 학회 내부에 분열이 일거나 오해가 생겼을 때도 있었고, 타 학회와 경쟁 구도가 만들어져 약사님들이 이탈하기도 했습니다. 또 한때는 타 학회의 유명한 약사님과 논쟁이 일어나면서 큰 소송 건에 휘말릴 뻔하기도 했습니다. 여러 번 회사가 망할 거라는 소문이 돌기도 했죠.

그러나 저는 주변의 그런 걱정에 휩쓸리지 않았습니다. 무엇보다 저는 학회와 회사에 대한 강한 확신이 있었습니다. 이 모든 기회는 제가 100번 쓰기와 심상화, 확언 등을 통해 우주에 낸 주문에 대한 응답으로 받은 선물이었기 때문이었죠. 저는 내면의 영감을 신뢰하고 있었기에 주변 사람들이 회사에 대해 어떤 비관적인 말을 하더라도 전혀 흔들리지 않았습니다.

제가 아이들 교육에서도 단점보다 장점에 집중하고 잠재력을 키워서 성공시킨 것처럼, 저는 회사도 똑같은 방식으로 바라봤습니다. 저는 이 회사가 가진 놀라운 잠재력을 알아보았고 나중에 성공 신화를 쓸 미래를 보았습니다. 그리고 그 잠재력에 집중하고 성장에 기여했죠. 난관도 있었지만 모두 잘 극복해냈습니다. 그렇게 학술이사 계약 기간을 무사히 마치고 스톡옵션을 받게 되었죠. 그리고 회사가 성장하면서 제가 가진 주식 가치도 크게 올랐습니다. 그래서 저는 3년 만에 10억 빚으로부터 자유로워질 수 있었습니다.

이후 저는 어린 시절의 트라우마로 생긴 마음의 상처를 치유할 수 있는 여러 인연과 영적 수련 과정으로도 안내를 받았습니다. 그를 통해 지금은 정신적으로도 많이 가벼워지고 홀가분해졌습니다. 6년 전만 해도 저는 삶을 비관해서 극단적 선택을 하려 했을 만큼 깊은 우울감에 시달렸습니다. 그리고 어린 시절부터 쌓아온 열등감과 수치심으로 세상과 벽을 쌓은 채 집과 약국만 오가던 소극적이고 내성적인 사람이었습니다.

그랬던 제가 잠재의식을 재설정함으로써 놀라운 기회를 만났고, 우주가 안내해주는 여정을 따라 성장하다 보니, 지금은 정신적, 육체적, 경제적으로 삶의 모든 면에서 자유로워졌습니다. 사람들 앞에 나서는 것을 몹시 두려워했던 제가 지금은 유튜브까지 도전할 만큼 대담해졌으니까요. 현재 저는 더 이상 돈을 위해 일할 필요가 없게 되었습니다. 대신 제가 좋아하는 명상과 영성 공부를 하며 그 어느 때보다 풍요로운 삶을 누리고 있습니다.

인간은 누구나 신이 주신 자연치유력을 가지고 태어납니다. 어떤 불균형한 상황에서도 다시 회복하고 치유해낼 수 있는 능력이 우리 안에 있지요. 단지 스트레스와 환경 독소 등으로 인해 그 자연치유력이 발휘되지 못할 때 병에 걸리고 마는 것입니다. 이때 자연의 에너지를 가진 영양소를 섭취하면 우리 몸에 잠들어 있는 자연치유력을 깨울 수 있습니다. 저는 자연치유력이 회복되면서 현대의학으로는 잘 낫지 않는 난치질환이 좋아지는 것을 많이 목격했습니다.

인간은 진동하는 에너지이기에, 높은 에너지 주파수의 음식을 먹으면 진동수가 올라가고 패스트푸드나 가공식품처럼 낮은 에너지 주파수의 음식을 먹으면 진동수도 낮아집니다. 건강한 인체의 진동수는 62~72헤르츠 사이라고 알려져 있습니다. 병이 시작되는 진동수는 58헤르츠. 인체의 진동수가 42헤르츠 수준에 도달하면 암에 걸리고, 25헤르츠에 이르면 결국 사망한다고 합니다.

그래서 높은 에너지 파동을 가진 신선한 음식을 먹고 자연환경에 지속적으로 노출되면 자연치유력이 회복되어 질병이 호전되는 경험을 하게 됩니다. 주파수가 높은 아로마 오일이나 싱잉볼의 진동, 레이키 등도 인체의 주파수를 상승시켜서 자연치유력을 높여줍니다. 그러나 그 무엇보다도 강력한 파동을 가지고 있는 것은 바로 인간의 생각, 그리고 감정의 에너지입니다.

부정 사고 패턴에 빠진 60대 루게릭 환자

생각과 감정이 달라지면 몸 상태도 바뀝니다. 어떤 사람은 빵과 치킨, 패스트푸드를 자주 먹어도 건강한데, 왜 어떤 사람은 유기농 자연식에 몸에 좋다는 음식을 골라 먹어도 병에 걸릴까요? 물론 타고난 체질이 관여합니다. 그러나 갑자기 병에 걸리거나 증상이 심해졌을 때는 그전에 대부분 강도 높은 스트레스에 노출되었을 때가 많습니다. 몸이 갑자기 안 좋아진 사람들을 상담하다 보면 대개가 이렇지요.

모든 것이 에너지라는 관점에서 바라볼 때, 아무리 높은 주파수의 음식을 먹고 그런 환경 속에 머물러도 이것을 뛰어넘는 부정적 정신 에너지가 작용하면 건강은 나빠지고 질병에 걸리기도 합니다. 이 부정적 에너지가 바로 스트레스죠.

저는 인간의 의식 에너지가 얼마나 강력한지를 여러 번 경험했습니다. 실제로 그것을 증명하는 사례들이 있습니다.

1950년경 포르투갈로 향하던 영국의 한 컨테이너 선박에서 한 선원의 시신이 발견되었습니다. 그 선원은 동료 선원의 실수로 냉동 컨테이너에 갇히면서 동사하고 말았는데요. 놀라운 것은 냉동장치가 꺼진 상태였다는 것입니다. 실내온도는 섭씨 19도였지만, 스스로 얼어 죽을 것이라는 극도의 두려움과 패닉이 실제로 체온을 떨어뜨리는 신체 반응을 일으켜서 죽음에 이르게 만든 것입니다.

저는 이 사례를 환자들에게 자주 얘기해주는데, 우리의 몸은 우리의 생각대로 나타난다는 것을 인식시켜주기 위해서입니다.

제가 경험한 사례 중에는 건강정보 채널을 계속 시청하며 지나치게 건강을 염려하다가 실제로 몸이 나빠지는 분들도 있었습니다. 그중 한 분은 상담 초기에 만났던 60대 루게릭 환자입니다. 그 분은 루게릭뿐만 아니라 파킨슨, 만성 폐색성 폐질환, 당뇨, 고혈압, 고지혈증, 위염 등 많은 질환을 앓고 있어 처방 약을 한 주먹씩 드시고 계셨어요. 처음 상담 시에는 건강 관련 방송을 많이 보셨고, 방송에서 루게릭 환자가 산소 호흡기를 달고 누워서 생을 마감하는 장면을 보시고는 자신도 곧 그렇게 될지 모른다는 두려움이 가득한 상태였습니다. 상담 중에 산소 호흡기 얘기를 여러 번 하시며 죽기 전에 마지막으로 지인이 추천한 영양요법이라도 한번 시도해보기로 했다고 하셨습니다. 그러나 실제 루게릭이 좋아질 것이라는 기대는 거의 없었고, 이제 곧 죽을 날이 얼마 안 남은 듯 무기력하고 우울한 상태로 보였습니다.

이때 저는, 루게릭이 불치병이라고 해도 의식을 송두리째 바꾸면 기적이 일어날 수 있을 것이라고 믿었습니다. 그리고 설사 치유가 어렵더라도 당장은 희망을 드리고 싶었습니다. 그렇게 매일 산소 호흡기를 달고 인생을 마감하는 상상을 계속 하고 있으면 실제로도 그렇게 될 수밖에 없다고 생각했기에, 더 강하게 확신을 주려고 애썼죠.

"아버님, 한 달을 못 넘긴다고 판정받은 말기 암 환자도 살아난 케이스가 있어요. 아버님도 분명히 좋아지실 수 있습니다. 그리고 모든 것은 생각하기 나름입니다. 자꾸만 병실에 누워 산소 호흡기 다는 상상을 하지 마시고, 곧 좋아져서 공원을 걷고 뛰어다니는 상상을 매일 하세요!"

저는 이렇게 얘기해주고 조셉 머피의 '잠재의식의 힘'에 관한 유튜브 동영상을 보내드리고 매일 반복해서 보시라고 했습니다. 그리고 영양요법과 함께 식이조절이랑 운동요법도 권해드렸습니다. 그랬더니 얼마 지나지 않아 놀라운 일이 벌어졌죠. 환자분의 근육 경직이 조금씩 완화되었고 며칠 뒤에는 입맛이 돌고 기운이 솟아 의욕도 생겨났습니다. 2주 후부터는 저와 문자를 주고받는 연습도 하고 가벼운 운동도 가능해졌습니다. 한 달 후에는 근육수축과 경련이 10분의 1로 줄어들 정도로 상태가 호전되었습니다. 모든 컨디션이 이전보다 좋아졌고 저에게도 감사해하셨죠.

그러나 저는 점점 상담이 많아지면서 처음처럼 그분에게 많은 시간과 에너지를 쏟을 수는 없었습니다. 그러니 2개월 이후부터는 다시 서서히 안 좋아지기 시작했습니다. 그분은 처음에는 저의 강한 확신과 희망의 에너지에 동화되어 기적적으로 호전되었지만, 점점 시간이 지날수록 원래 자신의 부정적 사고 패턴으로 돌아가버렸지요. 그러자 몸 상태도 다시 악화되었던 것입니다.

영양요법을 하다 보면 독소가 배출되는 명현 반응이 나타나면서 일시적으로 몸 상태가 안 좋아질 수 있고, 그것이 자연스러운 반응이라고 설명해드렸지만, 스스로 의심하고 믿지 않기 시작하자 다시 부정적인 생각 패턴에 빠져 질병의 상태를 끌어당기기 시작했습니다. 저도 그분의 오래된 부정적인 생각들을 바꿔주기에는 시간과 에너지의 한계를 느꼈습니다. 그래서 결국 5개월 이후로는 영양요법을 중단하게 되었습니다. 그래도 그분이 처음에 걱정한 것처럼 몇 달 만에 산소 호흡기를 달 정도로 상태가 악화되는 것을 막아드렸다는 데 의미를 두기로 했죠. 그분이 처음처럼 계속 희망과 감사한 상태에 머무를 수 있었다면 얼마나 좋았을까요?

인간은 희망을 품은 감사한 마음 상태의 진동에서는 병에 걸리기 어렵고 건강해질 수밖에 없습니다. 그러나 무의식에 새겨진 기존의 부정적 프로그램을 바꾸지 않으면 언제든 다시 병이 생긴 원래 상태로 돌아가버리게 됩니다. 그리고 무의식을 완전히 바꾸는 데는 본인의 강력한 의지와 노력이 동반되어야 합니다.

무의식을 바꾸고 건강도 꿈도 되찾은 40대 여성

반대로 자신의 무의식을 바꿔서 인생이 완전히 달라진 분도 있습니다. 과로로 건강이 악화되어 6년 넘게 집에서 쉬고 있던 한 40대 여성의 사례입니다. 그분은 매일 건강 관련 채널을 몇 시간씩 보며 시간을 보냈습니다. 각자 다른 전문가들의 의견 사이에서 방황하며 저에게 수시로 질문하고 확인하기를 반복했죠. 그녀는 건강 관련 유튜브에 나오는 모든 질병에 관한 정보를 수집하고는 자신이 그런 병에 걸릴까 두려워하는 데 많은 시간을 소비했습니다. 그러니 몸은 점점 더 안 좋아져서 위장질환, 과민성 대장과 방광염, 자궁 물혹에 섬유근육통과 쇼그렌 증후군 등 자가면역질환까지 병은 점점 늘어나고 있었습니다.

저는 어느 날 그분이 매일 연락해서 부정적이고 비관적인 상상들을 쏟아내는 것에 지쳐서 화가 났습니다. 그래서 건강 정보 채널 시청을 그만두고 마음 공부 채널을 보지 않으면 더는 상담을 해주지 않겠다고 강하게 화를 냈습니다. 계속 부정적인 생각과 상상만 하는데 아무리 좋은 영양소를 먹어봐야 효과가 날 리 없다고, 생각을 바꾸지 않으면 달라지지 않으니 영양요법을 중단하시라고 단호하게 얘기했지요.

질병 정보를 계속 탐색하며 혹시 병에 걸리지는 않을까 걱정하면 병에 걸릴 수밖에 없습니다. 건강하고 행복한 생각을 해야 건강하고 행복해질 수 있는데, 초점이 계속 질병에 맞춰지면 제아무리 불로초를 먹는다고 해도 건강해질 리 없지요. 우리 인간의 의식 에너지는 정말로 강력해서 생각하는 그대로 현실을 만들어냅니다. 우리의 몸 또한 마찬가지입니다.

그분은 어떤 병에 대한 방송을 보고 나면 다음 날 비슷한 증상들이 실제로 몸에 나타났습니다. 강력한 걱정이 실제 몸 반응을 만들어내고 있었죠. 그 부분에 대해 여러 번 조언해줘도 달라지지 않는 환자의 자세에 지쳐서, 상담을 중단하려고 화를 내버렸는데, 어쩐 일인지 그날은 그분이 다르게 반응했습니다. 평상시에 친절하게 대했던 제가 화를 내니 오히려 충격을 받고 각성이 일어났던 것입니다.

그 뒤로 그분은 정말 달라지기 시작했습니다. 건강 정보 채널 시청을 중단하고 제가 추천해준 마음 공부 채널들을 하루 다섯 시간 이상 보게 되었죠. 그리고 놀라운 변화가 일어났습니다. 물론 중간에 한 번씩 불안증이 심해질 때마다 저에게 전화를 걸기는 했지만, 몇 달 후엔 건강염려증이 많이 좋아졌고 1~2년 후에는 완전히 다른 사람이 되었습니다.

처음 상담했을 때는 건강염려증이 너무 심해서 병원을 찾아 수시로 검사를 받고 확인하느라 바빴습니다. 거의 매일 병원을 다니는 데 시간을 보내던 분이 나중에는 1년에 한 번 정기검진 외에는 병원 갈 일이 없어졌습니다. 전에는 주변 사람들에게 늘 부정적인 이야기만 늘어놓으니, 친구와 친정 식구들까지도 자신의 전화를 피했었다고 합니다. 남편과 아이들에게도 잔소리와 짜증이 많아 집안 분위기도 좋지 않았고, 주변 사람에게 사랑받지 못하니 더 불만이 생기고 더 우울했었지요.

그러나 저와 상담하고 마음 공부 채널들을 보면서 자신의 상태에 대한 자각이 깊어졌고 그제야 변화가 일어난 것입니다. 늘 불평불만을 달고 부정적인 생각에만 초점을 맞추고 살아왔는데 감사한 것들에 초점을 맞추기 시작하니 세상이 달라 보이더랍니다. 생각이 바뀌자 말과 행동이 달라졌고, 친구들과 친정 식구들에게도 사랑받는 존재가 되었습니다. 자신이 달라지니 남편과 아이도 밝아져 가정 분위기도 좋아졌습니다. 그동안 자신이 한평생 얼마나 잘못 살아왔는지 반성을 많이 했다고 합니다. 건강도 많이 회복되어 몇 년간 아파서 할 수 없었던 운동도 다시 시작하고, 건강 때문에 그동안 미뤄두었던 공부도 시작했습니다. 이제 꿈을 향해 감사한 마음으로 나아가게 된 것이죠.

무의식을 바꾸면 건강도 회복되고 인간관계를 비롯해 삶의 모든 면에서 더 좋아집니다. 우리는 의식의 존재이므로 의식이 달라졌을 때 모든 것이 달라질 수 있습니다. 매일 감사함에 머무는 의식 상태에서는 치유 불가능해 보이는 자가면역질환도 회복될 수 있습니다.

저는 ADHD, 발달장애 아이들을 상담하면서 좋은 치유 사례를 많이 경험했습니다. 거기에는 제 큰딸의 난독증을 극복한 경험과 엄마들의 마음에 대한 이해와 공감이 큰 도움이 되었습니다. 아이들의 학습 부진이나 발달장애의 경우에는 실제 영양요법보다 양육자가 아이를 바라보는 관점이 상당히 중요합니다. 엄마가 아이를 어떻게 바라보느냐에 따라 치유 효과에 큰 차이가 나타났죠. 영양요법을 통해 아이의 체질적인 문제를 보완해주면 대부분 집중력이 개선되고 심리 전반의 문제가 좋아지지만, 그것 역시 엄마의 태도에 따라 하늘과 땅 차이였습니다.

엄마가 사소한 일에도 불안을 느끼고 아이를 걱정할수록 아이는 더 불안한 행동을 보이게 되고, 엄마가 긍정적이고 아이에게 잘될 거라는 지지와 확신, 사랑을 보내면 아이는 안정을 되찾고 잘 성장합니다. 그래서 저는 영양요법 상담을 하면서 엄마가 아이를 바라보는 관점을 바꿔주기 위해 노력했습니다.

대학원 상담 실습 강의에서도 아이들의 심리 문제는 대부분 그 배후에 부모의 문제가 있기에 부모 상담이 필수라고 배웠습니다. 어린아이들은 백지처럼 투명하게 태어나서 부모의 모든 말과 행동을 그대로 흡수합니다. 마치 거울처럼, 부모가 불안한 심리상태를 보이면 그것은 아이에게 그대로 반영되죠. 대개의 부모는 자신의 불안감을 아이에게 투사하는 경우가 많습니다. 그래서 부모가 아이를 어떻게 바라보는지가 치유 효과를 결정하는 데 매우 중요한 부분입니다.

피그말리온 효과

누군가의 긍정적 관심과 기대가 실제로 좋은 결과를 가져오는 것을 '피그말리온 효과'라고 합니다. 심리학에서는 이것을 실험으로 입증한 교수의 이름을 따서 '로젠탈 효과'라고도 부릅니다. 1968년 하버드 대학교의 로젠탈 교수는 미국의 초등학생을 대상으로 피그말리온 효과에 관한 실험을 했습니다.

먼저 연구에 참여한 학생들에게 지능 검사를 실시했습니다. 그리고 지능 점수와 상관없이 무작위로 20퍼센트의 학생을 뽑은 후 그들과 지도교사에게 '선발 학생들은 지능지수가 높다'고 알려주었습니다. 그런 뒤 이 학생들을 대상으로 나중에 성적을 확인해보니 놀랍게도 실제 성적이 두드러지게 향상한 것을 확인할 수 있었습니다.

이 실험과 유사한 많은 실험들이 있는데, 대체로 교사가 학생이 우수하다고 기대하면 실제로 성적이 올라갔습니다. 저는 이것이 양자물리학에서 입증된 '관찰자 효과'와 같은 개념이라고 생각합니다. 바라봐주는 사람의 기대가 현실을 바꾸는 것이죠. 그래서 저는 학부모를 상담할 때 엄마들에게 이 실험에 대해 자주 얘기해주었습니다.

대부분의 ADHD, 학습부진 아이의 엄마는 아이가 학교나 사회생활을 정상적으로 따라가지 못할 것이라고, 지나치게 걱정하고 있었습니다. 아이의 가능성에 초점을 두기보다는 결핍과 단점에만 초점을 두고 있었던 것이죠. 그래서 저는 상담 시 제 딸의 사례를 들려주고 충분히 좋아질 수 있다고 희망을 주었습니다. 이런 아이들은 난독증이었던 우리 큰딸처럼 대부분 좌뇌 영역인 언어 발달이 더딘 대신, 보상 기전으로 우뇌가 발달한 경우가 많았습니다. 이런 장점을 살려주고 단점을 보완해주면 직관력과 창의성을 발휘해 오히려 더 자기 능력을 떨치고 성공할 수 있다고 얘기해주었죠.

"우리나라의 교육제도는 입시 위주라, 성적으로 줄 세우는 문제가 심각하죠. 아인슈타인이나 에디슨도 우리나라에서 태어났다면 성공하지 못했을 것이라는 우스갯소리가 있습니다. 이런 교육제도하에서는 좌뇌형 아이들이 우수한 성적을 내게 되어 있고 성공하기도 좋은 세상이었죠. 하지만 이제는 인공지능, 메타버스 세상이 오고 있어요.

인공지능과 로봇이 발달하는 우리 아이들 세대에는 지금 있는 대부분의 직업이 사라질 거예요. 앞으로는 명문대를 나와 대기업에 취직하거나 전문직과 공무원 등에 종사할 수 있는 사람은 극소수에 불과할 거예요. 이제는 주입식 교육에 길들여진 사람이 아니라 창의적인 사람이 더 크게 성공하는 시대가 오고 있습니다. 미국의 성공한 IT 기업의 창업자들도 대학 중퇴나 고졸 출신들이 많잖아요. 학교 성적으로만 아이를 평가하지 말고, 아이의 숨은 잠재력을 계발해주면 오히려 성적이 뛰어난 친구들보다 더 크게 자기 능력을 발휘할 수 있어요.

우리 딸도 중학교 1학년 때까지 난독증이 심해서 유치원 수준에도 못 미치는 읽기 능력을 가지고 있었어요. 저도 처음에는 불안과 걱정이 컸었죠. 그러나 그럴수록 상황이 악화되었어요. 그래서 저는 걱정하고 불안해하는 대신 아이의 장점과 가능성에 초점을 맞추기를 선택했습니다. 그리고 아이의 장점을 칭찬하고 격려해주었죠. 그러자 단점은 축소되고 장점이 극대화되어 결국 자신이 원하던 꿈을 이루게 되었어요. 단점에 집중하면 단점이 점점 커지지만, 장점에 집중하면 단점은 가려져 이내 사라지게 됩니다.

앞으로의 시대는 우뇌가 발달한 아이들에게 축복입니다. 아이들은 모두 자신만의 재능을 가지고 태어난 원석이에요. 아이의 타고난 재능과 장점을 발견해서 계발해주면 자신만의 빛을 발하는 보석이 될 수 있어요."

저는 엄마들을 상담할 때면 항상 이렇게 희망과 긍정적인 생각을 심어주려고 노력했습니다. '관찰자 효과'와 '피그말리온 효과'를 최대한 활용했던 것이죠. 이렇게 상담을 통해 엄마의 관점이 바뀐 경우는 아이가 굉장히 빠른 속도로 좋아지는 것을 경험했습니다. 물론 모두를 바꿀 수는 없었습니다. 엄마가 긍정적인 분들은 대체로 빠르게 좋아졌지만, 엄마가 부정적인 사고 패턴에 빠져 있는 경우에는 처음에 좋아졌다가도 불안감을 더 강하게 아이에게 투사하면서 다시 악화되는 경우도 많았습니다.

엄마가 긍정적인 믿음으로 함께해준 덕분에 아이의 증상이 단기간에 몰라보게 좋아진 치유 사례를 소개하겠습니다.

엄마의 지지로 ADHD를 이겨낸 8세 아이

종합병원에서 ADHD 진단을 받고 향정신성 약물을 복용 중인 8세 남자 아이를 상담했습니다. 그 아이는 돌 전부터 산만했었고 언어 발달이 느렸다고 합니다. 병원 약을 안 먹으면 일상생활이 거의 불가능한 수준이었고요. 스스로 통제가 안 되어서 소리 지르고 발로 차고 하다 보니, 유치원 때 아이들한테 따돌림을 당하기도 했습니다. 친구들이 안 놀아줘서 유치원 가기 싫다고 울어대는 바람에 엄마는 곤란할 때가 많았지요. 아이가 초등학교 1학년이 된 후 엄마의 걱정은 더 늘었고요. 약을 하루만 안 먹여서 보내도 학교에서 난리가 나고 선생님께 연락이 오니 안 먹일 수 없는 상황이었죠. 그런데 아이가 약물 부작용으로 잠도 잘 못 자고 가슴 두근거림을 호소하는데 약을 중단할 수도 없으니, 걱정이 이만저만이 아니었습니다.

상담하러 온 엄마의 얼굴은 수심으로 가득했고 거의 앓아눕기 직전처럼 지쳐 보였습니다. 엄마가 이렇게 중심을 못 잡고 무너지면 그 에너지가 아이에게도 전해져서 아이는 더 불안할 수밖에 없겠다는 생각이 들었죠.

그래서 저는 일단 엄마를 안정시키는 데 집중했습니다. 제 딸 얘기를 들려주며 영양 상태를 개선해주고, 엄마가 긍정적인 태도를 잃지 않고 변함없는 사랑을 주면 아이는 분명 좋아질 수 있다고 강한 희망을 심어주었습니다.

제 얘기에 감동한 아이 엄마가 다시 희망을 품고 아이의 가능성에 집중하면서 실제로도 기적 같은 결과가 나타났습니다. 아이는 일주일 만에 처방약을 반으로 줄일 만큼 좋아졌지요. 2주째부터는 약을 반만 먹고도 전에는 한두 개씩 틀리던 영어 학원 퀴즈를 계속 100점을 맞아왔습니다. 그리고 같이 못 어울렸던 친구도 집에 데리고 올 정도로 사회성이 좋아진 느낌이라고 했죠. 그리고 한 달쯤 됐을 때는 언어 능력까지 좋아졌습니다. 원래는 말을 잘 못했던 아이가 30분 정도의 긴 애니메이션 스토리를 잘 알아듣게 얘기할 정도로 좋아지면서, 엄마는 이 모든 변화가 꿈만 같다고 하셨어요. 그리고 한 달 5일째 됐을 때 처방약을 완전히 끊었습니다. 약 없이도 아이는 더 차분하고 친구와 동생을 배려하면서 인성과 사회성까지 좋아졌습니다.

그러나 치유 과정이 평탄하지만은 않았습니다. 아이가 좋아지니 엄마는 욕심이 생겨 영어 학원에 아이를 장시간 보냈고 스트레스를 받은 아이는 다시 악화되기 시작했습니다. 저는 아직 어린 나이부터 영어 공부로 스트레스를 주기보다는 치유에 집중하도록 조언을 해주었습니다. 영어는 더 늦게 시작해도 문제가 없고, 요새 입시는 영어보다는 국어가 당락을 좌우하며, 책을 많이 읽고 자란 아이들이 더 성공한다고 얘기해주었지요. 그렇게 또 한고비를 넘겼습니다. 그러나 2학기 때 학교에서 성격이 안 맞는 친구와 부딪히고 스트레스를 받으면서 다시 또 악화되었지요. 그리고 아빠와의 관계가 나빠지면서 악화되기를 반복하는 등 여러 번의 고비를 넘겨야 했어요. 그래도 아이 엄마가 긍정적인 편이라, 그럴 때마다 저의 조언에 잘 따라주셨고, 희망을 가지고 아이를 계속 믿어주셨습니다.

결국 8개월 정도의 영양요법을 끝으로, 아이는 약을 완전히 중단했고 정상적인 학교생활을 할 수 있을 만큼 달라졌습니다. 처음 상담 시에는 근심이 가득했던 아이 엄마가 나중에는 육아가 행복하다며 감사한 마음을 전해오셨습니다.

이렇게 심각했던 ADHD 케이스가 1년도 안 되어 좋아질 수 있었던 것은 단순히 영양요법만으로 가능할 수는 없었습니다. 아이 엄마의 아이를 바라보는 관점이 희망과 긍정으로 바뀌었기 때문에 가능했던 기적 같은 사례라고 생각합니다.

모든 부모님과 선생님들이 '피그말리온 효과'와 '관찰자 효과'를 기억하고 항상 아이들의 무한한 가능성을 바라봐주면 좋겠습니다. 그러면 아이들은 모두 자신만의 빛을 발하는 아름다운 보석으로 성장하여 세상을 빛내게 될 테니까요.

3장

당신의 간절함이 당신의 현실을 바꾸려면
: 잠재의식 활용법

우리가 경험하는 현실은 잠재의식에 프로그램된 것이 출력되어 나타나는 것일 뿐입니다. 현실을 바꾸고 싶다면 잠재의식에 새 프로그램을 설치해야 하지요. "난 정말 대단해. 난 진짜 멋진 사람이야. 난 뭐든지 할 수 있어. 나에겐 잠재력이 충분해. 나는 나를 믿고 사랑해" 스스로에게 들려주세요. 한계라는 거짓 환상에서 깨어나 진정으로 원하는 자신이 되세요. 우리 뇌는 신경 가소성이 있어 계속 반복해 들려주면 완전히 새로운 신경망을 만듭니다.

최면에서 깨어나 잠재의식을 리셋하라

혹시 지금 당신에게 일어나는 상황이 만족스럽지 않은가요? 세상이 불공평하게 느껴지나요? 당신만 되는 일이 없고 운이 나쁘다고 생각하나요? 자신은 열심히 살고 있는데 세상이 도와주지 않는다고 느끼나요? 저도 예전에는 이런 피해의식으로 가득 찼던 사람입니다. 그러나 그런 마음 상태에서는 아무리 열심히 노력해도 삶이 달라지지 않았습니다.

　진정으로 현실을 바꾸고 싶다면 잠재의식을 바꾸는 것이 가장 빠른 길이며 유일한 방법입니다. 왜냐하면 우리는 우리가 생각하고 느끼는 대로 현실을 경험하게 되기 때문입니다. 우리는 자신의 내면에 없는 것을 현실에서 경험할 수는 없습니다. 무언가 계속 안되는 경험만을 한다면, 잠재의식에 '나는 못 해. 나는 안되는 사람이야'라는 신념의 프로그램이 설치되어 있기 때문입니다. 잠재의식은 우리가 알게 모르게 받아들인 모든 것들이 저장됩니다. 모든 것은 잠재의식에 심어진 대로 현실로 나타나지요. 우리가 어린 시절 주변 사람들과 환경으로부터 받아들인 것들은 무의식 속에서 우리의 생각과 행동 습관을 만들어냅니다.

인생 첫 7년은 최면을 다운받는 시기

신경생물학자이자 세포생물학자인 부르스 립튼 박사는 이렇게 말했습니다.

당신의 인생은 잠재된 의식이 프린트되어 나타난 것이다. 그래서 가난한 사람들은 가난해지고 부자들은 부자가 되는 것이다. 우리의 인생의 95퍼센트는 7세 이전에 만들어진 삶의 프로그램에서 나온다. 영화 〈매트릭스〉는 공상과학 영화가 아니라 다큐멘터리다. 사실 모든 사람들이 인생 첫 7년은 최면을 다운받는 것이다. 7세 이하의 아이들의 뇌는 진동 주파수가 낮다.

미래 뇌 활동을 감지하는 뇌파검사기를 부착하면 아이들은 세타파 상태에 있다. 세타파는 최면과 같다. 아이들은 최면 상태에서 부모, 형제들을 보며 모든 것을 배우고 다운받는 것이다.

유명한 저서 《부자 아빠 가난한 아빠》에서 기본적으로 말하는 건, 가난한 가족에서 태어났으면 인생 전체가 부자가 되려고 고생할 수 있지만 부자가 되기 힘들다. 부자 가족에서 태어났으면 인생 전체가 바보 같을 수 있어도 부자는 된다. 생각 때문이 아니라 무의식적인 행동 때문이다. 그것은 부자 가족으로부터 아이들에게 다운로드된 행동이다. 그것은 무의식적으로 이루어진다. 그래서 무의식적으로 알맞은 행동을 한다. 그들이 의식적인 마음을 쓰더라도 우둔하게 보일 수 있다. 하지만 그건 무의식적인 것이다. 가난한 사람들도 똑같다. 가난한 사람들은 가족으로부터 받은 믿음이 있다. "너는 안돼. 인생은 힘든 거야. 많은 게 힘들어. 네가 뭔데 그래?" 그렇게 프로그램을 받게 되면 당신 삶의 95퍼센트 시간은 당신 스스로를 방해할 것이다. 그 프로그래밍 때문에 가난한 사람은 계속 가난하고 부자인 사람은 부자로 있는 것이다. 이건 사실인데 우리 인생의 95퍼센트는 잠재의식 프로그램에서 오는 것이다.

저는 최면 치료를 공부하면서 립튼 박사님 말처럼 우리 삶의 대부분이 최면으로 이루어졌다는 사실을 깨달았습니다.

어린 시절 부모와 사회로부터 받은 교육은 우리를 아주 강력한 최면에 걸리게 만들고, 그 정보는 잠재의식 깊은 곳에 저장되어 우리의 현실을 만들고 있습니다. 그러나 어린 시절뿐 아니라 성인이 되어서도 TV를 보거나 책이나 게임에 빠질 때, 사람들과 대화할 때 등 일상생활 중에도 무언가에 집중하고 있을 때 우리는 '최면 상태'에 들어갑니다. 이렇게 최면 상태로 받아들인 정보는 무의식에 저장되죠.

우리는 뉴스나 드라마, 광고, 주변 사람의 말에도 항상 영향을 받으며 살아갑니다. 그래서 스스로 알아차리고 바꾸지 않으면 자신도 모르게 타인의 의도대로 살아가게 됩니다. 밤에 치킨 광고를 보다가 갑자기 배달앱을 열어 치킨과 맥주를 주문하는 행동도 가벼운 최면에 걸리는 것입니다. 자신도 모르게 광고에 자주 나오는 브랜드를 선호하게 되고, 주변 사람들에게 자주 듣는 말에 의해 자신의 선택을 바꾸는 일도 많죠.

우리는 생각보다 다른 사람에 의해 쉽게 영향을 받습니다. 지인의 친척분이 병원에서 어떤 불치병 진단을 받고 나서부터 급격히 건강이 악화되었다고 합니다. 일상생활을 할 수 없어서 일도 그만두었습니다. 그런데 한두 달 후에 다른 환자의 차트를 잘못 보고 오진했다는 사실이 밝혀졌답니다. 그러나 이미 의사의 말을 진실로 받아들인 그분의 몸속 세포들은 실제 질병의 상태를 구현해버렸습니다. 결국 극도로 쇠약해진 몸은 다시 회복되는 데 1년이 넘는 시간이 걸렸다고 합니다. 이렇게 우리는 자신도 모르게 타인의 말에 의해 최면 상태에 빠질 수 있습니다. 특히 우리가 권위자라고 인정하는 사람의 말은 더 강력한 최면 효과를 유발하죠.

스스로 자기 삶의 방향성을 세팅하지 않으면, 우리는 타인의 의도대로 삶을 살아가게 됩니다.

자기 삶의 진정한 주인이 되려면, 매일 자신의 생각과 행동을 돌아보는 '자기성찰'의 시간이 필요합니다. 그리고 인생이라는 항로에서 방향키를 놓치지 않고 원하는 곳으로 움직이기 위해서는 '자기암시'를 통해 잠재의식을 스스로 세팅해야 합니다. 그러지 않으면 광고, 뉴스, 타인에 의해 최면에 걸린 채, 인생의 운전대를 남에게 넘겨주게 되지요.

잠재의식과 현실의 관계는, 립튼 박사의 말처럼, 컴퓨터에 저장된 프로그램과 출력물의 관계와 같습니다. 우리가 경험하는 현실은 자신의 잠재의식에 프로그램된 것을 출력해서 보여주는 것일 뿐입니다. 컴퓨터에 저장된 프로그램을 바꾸지 않은 상태에서 현실의 출력물을 덧칠해봐야 소용이 없지요. 잠재의식 프로그램이 그대로인 상태에서는 현실에서 아무리 다시 도전하고 열심히 노력해보아도 항상 실망스러운 결과를 맞을 뿐이니까요.

또, 잠재의식과 현실의 관계는 영화의 필름과 스크린에 상영되는 장면으로 비유할 수도 있습니다. 인생 영화를 상영할 때 비운의 스토리로 제작된 필름을 넣었다면, 영사기를 통해 현실이라는 스크린에 상영되는 장면도 비운의 영화일 뿐입니다. 잠재의식을 바꾸지 않고 현실을 바꾸려고 애쓰는 것은 마치 상영 중인 스크린 앞에서 팔다리를 휘저으며, 영화의 스토리를 해피엔딩으로 바꿔보려고 애쓰는 행위나 마찬가지입니다. 필름을 바꾸지 않은 채 스크린 앞에서 영화의 내용을 바꾸려고 발버둥 치다니! 상상해보면 정말 우스꽝스러운 일입니다. 제가 과거에 했던 모든 행동이 바로 이렇게 우스꽝스러운 것이었습니다.

영화의 내용이 맘에 들지 않는다면 필름에 해당하는 자신의 잠재의식을 바꾸어야 합니다. 자신의 잠재의식이 아름다운 영상들로 가득하다면 그런 현실이 상영될 것이고, 쓰레기들로 가득하다면 쓰레기가 화면에 비춰지는 것은 당연한 것입니다.

잠재의식 속 빈곤 프로그램을 바꾼 뒤

저는 빈곤에서 어떻게든 벗어나려고 정말 열심히 노력해보았지만, 잠재의식에 저장된 빈곤 프로그램을 바꾸지 않았기에 삶은 계속 내리막이었습니다. 대학을 졸업하기 전부터 일을 시작했고 출산 당일까지 약국 근무를 할 정도로 열심히 살았습니다. 안 먹고 안 쓰고 아끼며 살았지만 그럴수록 점점 더 가난해졌지요. 부동산이든 주식이든 투자하는 것마다 실패하고 사기까지 당했습니다. 집안에 계속되는 사건, 사고, 질병 등의 문제를 해결하느라 빚만 늘어났습니다. 저는 잠재의식의 필름을 그대로 둔 채, 스크린 앞에서 어떻게든 영화의 내용을 바꿔보겠다고 팔다리를 휘저으며 고군분투하는 삶을 살았던 것입니다.

완전히 망하고 죽음 직전에 도달해서야 제가 무언가 잘못 살아왔음을 깨달았습니다. 그리고 저는 잠재의식을 바꾸고 완전히 다른 삶을 경험하게 되었지요. 잠재의식에 새 프로그램을 설치하니 세상이 달라졌습니다. 영사기에 제가 원하는 장르의 필름을 바꿔 넣으니, 현실이 드디어 제가 원하는 대로 흘러가기 시작한 것입니다. 전에는 상상조차 하지 못했던 놀라운 행운의 흐름을 타게 되었고, 기적 같은 경험들을 하게 되었죠. 제가 제 인생의 주인이 되었고, 인생 영화의 주인공으로 살게 되었습니다.

성공한 사람들의 책을 읽으며 우주의 법칙에도 눈뜨게 되었습니다. 그들은 잠재의식의 힘을 활용하는 법을 알고 있었습니다. 저도 예전에는 시크릿이나 끌어당김의 법칙, 잠재의식 등에는 전혀 관심이 없었습니다. 아예 관심이 없었기에 그런 종류의 책을 읽지도 않았고 순진한 사람들이나 믿는 미신처럼 생각했지요. 그러나 완전히 망하고 더 이상 어찌해볼 수 없는 상태가 되어서야 우주의 법칙을 받아들이고, 성공한 사람들의 경험에서 배우게 되었습니다.

성공학, 부의 법칙, 잠재의식의 힘, 뇌과학, 양자물리학에 관한 책들을 읽다 보면, 표현은 서로 조금씩 다르지만 결국 비슷한 말을 하고 있다는 것을 알 수 있습니다.

양자물리학에 의하면 어떤 것도 '고정된 실체'란 없습니다. 우리 자신과 세상 만물은 모두 진동하는 에너지이고, 그 진동을 바꾸기 위해서는 우리의 생각과 행동을 바꾸어야 합니다. 그런데 그 생각과 행동을 지배하고 있는 것이 우리의 잠재의식입니다. 그러니 진정으로 현실을 바꾸고 원하는 삶을 살고 싶다면 잠재의식에 대해 알고 이것을 활용하는 것이 가장 중요합니다. 잠재의식에 쓰레기를 쌓아둔 채 현실에서 열심히 투쟁해봐야 실제로 바뀌는 것은 없으니까요.

잠재의식에 자신이 원하지 않는 생각들이 아니라, 원하

는 생각을 프로그램하세요. 잠재의식은 옳고 그름을 판단하지 않습니다. 우리가 말하고 생각하는 모든 것을 있는 그대로 받아들입니다. 잠재의식은 우리가 믿고 있는 신념을 정확하게 반영해주는 램프의 요정 '지니' 같은 존재입니다. 그런데 우리는 매일 잘못된 습관에 따라 부정적인 말과 생각들을 반복하고 있습니다. 이루어지지 않기를 바라는 부정적인 소원을 매일 지니에게 빌고 있는 셈이지요.

잠재의식에 프로그램된 신념들은 우리의 평상시의 습관으로 나타납니다. 자신의 평상시의 생각과 말하는 습관, 행동 습관 등을 관찰해보세요. 자신을 통찰하고 알아차리는 것이 중요합니다. 자신에 대해 알아차림이 있을 때만 그 오류 프로그램을 바꿀 수 있습니다.

소크라테스의 명언인 "너 자신을 알라"는 인생을 바꾸기 위한 기본 전제입니다. 대부분 자신을 객관적으로 바라보기 어렵습니다. 그러나 자신을 객관적으로 바라볼 수 있을 때 삶을 바꿀 수 있는 힘도 갖게 됩니다.

저도 과거에는 제가 어떤 사람이고 어떤 습관을 반복하며 사는지 알아차리지 못했습니다. 현실의 스크린만을 바라봤기 때문이었죠. 그 현실은 단지 필름에 새겨진 것을 비춰낼 뿐, 결국 모든 답은 우리 내면에 있습니다.

우리 대부분은 자신도 모르게 스스로에게 부정적인 말과 생각을 주입합니다. 그것은 어려서 우리가 부모 또는 주변 사람, 사회로부터 들었던 내용들이죠. "넌 못해. 그것 봐, 안 될 줄 알았어. 이런 바보 멍청이" 이런 말로 스스로를 비난하거나 학대하는 경우가 많습니다. 이제부터는 스스로에게 이렇게 말해주세요. "난 정말 특별해. 난 진짜 멋진 사람이야. 난 뭐든지 해낼 수 있어. 나는 반드시 성공할 사람이야. 나에겐 뛰어난 잠재력이 있어. 나는 나를 믿고 사랑해!"

스스로에게 반복하는 긍정의 말들이 당신 안의 잠재력을 깨우고, 당신이 자기 능력을 한껏 발휘할 수 있도록 이끌어 줄 것입니다. 어려서 부모님과 사회로부터 들었던 상처의 말 대신 진정 듣고 싶었던 말을 자신에게 들려주세요. 스스로 자신의 편이 되어 응원해주세요. 잠재의식을 다시 리셋하세요. 단시간에 되는 것은 아니지만 꾸준히 반복하면 새로운 프로그램이 깔립니다. 우리의 뇌는 '신경 가소성'에 의해 계속 반복해서 작업하면 새로운 신경망을 만듭니다. 기존에 부정적 패턴의 신경망만 깔려 있었다면, 이제는 긍정적 패턴의 신경망을 새로 깔아주세요. 스스로 칭찬하고 힘을 주는 말들로 새로운 자신을 프로그래밍하세요. 자신이 되고 싶고 하고 싶은 것으로 자신의 잠재의식을 바꾸세요.

저처럼 40대 후반까지 계속 부정적 사고 패턴에서 벗어나지 못했던 사람도 잠재의식을 바꾼 뒤 삶이 완전히 달라졌습니다. 당신이 강하게 결심하기만 한다면 늦은 때란 없습니다.

진정으로 달라지기로 마음먹으세요. 잠재의식을 다시 프로그래밍해서 새로운 존재가 되세요. 당신이 과거의 최면에서 깨어난다면 당신에게 한계란 없습니다. 스스로에 대한 부정적 신념과 한계라는 거짓 환상에서 깨어나 진정으로 원하는 자신이 되세요. 바라고 꿈꾸던 모든 것을 이루세요.

다음 장부터 잠재의식을 활용해서 현실을 바꾸는 구체적인 방법과 끌어당김의 실전 노하우를 풀어내겠습니다. 당신의 잠재의식이 바뀔 때까지 절대 중간에 포기하지 마세요. 당신이 강한 의지로 이것을 실천한다면 당신 또한 저처럼 놀라운 기적을 경험하게 될 것입니다.

원하는 소원을 심상화하라

잠재의식에 프로그램을 입력하는 가장 강력한 방법은 자기 전, 그리고 아침에 일어나자마자 원하는 소원을 심상화하는 것입니다. 잠재의식을 바꾸는 데 심상화가 가장 효과적인 이유는 우리가 잠재의식과 소통하는 주된 방법이 바로 '이미지'와 '느낌'이기 때문입니다. 잠재의식은 단어 자체보다는 어떤 단어를 생각하거나 말했을 때 연상되는 이미지와 느낌을 받아들입니다. 그래서 잠재의식은 부정어를 이해하지 못하는 것입니다. 이것은 잠재의식을 이해하는 데 아주 중요한 부분입니다.

당신이 무언가를 '절대 해서는 안 된다'고 생각하면 할수록, 당신은 그 생각을 더 많이 하게 됩니다. 제가 빨간 사과를 절대 떠올리지 말라고 하면 자신도 모르게 계속 빨간 사과가 머릿속에 떠오르는 것을 피할 수 없을 거예요. 우리가 무언가를 하기 싫어하거나 두려워하며 강하게 저항하면 할수록, 잠재의식은 그것을 '원한다'는 표현으로 받아들입니다. 우리가 그것을 좋아하든 싫어하든 상관없이 단지 이미지로 떠올리는 것을 현실화하기 때문입니다. 그러니 우리는 원하지 않는 것 대신 원하는 것만을 생각하고 말해야 합니다.

잠재의식의 이러한 특성 때문에 원하는 소망을 입력할 때는 시각적으로 이루어진 미래를 구체적으로 떠올리는 것이 아주 좋은 전달 방법입니다. 특히 이미지와 느낌을 잘 받아들이니, 원하는 미래를 생생하게 상상하며 그것이 이루어졌을 때의 감정을 온몸으로 느끼고, 행복해하고, 감사한 느낌에 머물면 좋습니다. 그 장면에서의 느낌을 오감을 이용해 또렷하게 몸에 새길수록 더 효과적이죠.

온몸의 감각을 동원해 생생하게 느껴보기

당신이 미래에 빨간 스포츠카를 갖게 되는 소원을 심상화한다고 생각해봅시다. 자신이 원하는 차종의 빨간색 스포츠카를 눈앞에 떠올려봅니다. 자동차 문의 손잡이를 당기고 운전석에 앉습니다. 이때 의자 가죽의 느낌과 촉감을 느껴봅니다.

새 차에서 나는 냄새도 맡아봅니다. 핸들을 만지며 느껴지는 생생한 촉감도 떠올려봅니다. 조수석에 탄 애인이나 친구가 말하는 소리도 들립니다. "와, 네 새 차 정말 끝내준다! 너무 멋진걸." 소원이 이루어진 그 장면에서 일어나는 모든 일을 보고, 듣고, 냄새 맡고, 맛보고 온몸의 피부로 감각을 느껴보세요.

단순히 시각적인 장면만 떠올려 상상하는 것보다 오감을 이용해 생생하게 상상할수록 그 기억은 온몸의 세포 차원에까지 각인돼 잠재의식에 강렬하게 전달됩니다. 이렇게 생생하게 느끼면 온몸에 전율이 오면서 기분 좋고 행복한 감정이 자연히 샘솟습니다. 이러한 느낌은 잠재의식을 더 강하게 자극하고, 단기간에 그 현실을 이룰 수 있도록 강력한 끌어당김의 힘을 증폭시키죠. 이것은 원하는 미래의 주파수에 아주 빠르게 동조화되는 방법입니다.

이것이 제가 심상화를 성공시키는 강력한 방법입니다. 단지 시각적으로만 상상하는 것과 생생하게 느끼는 것은 잠재의식이 받아들이는 데 큰 차이가 있습니다. 우리는 과거에 경험했던 모든 일들을 다 기억하지는 못합니다. 아주 많이 반복해서 잠재의식에 깊이 새겨야 기억할 수 있습니다. 그러나 단 한 번의 경험이라도 아주 강렬한 인상을 남긴 것이라면 잠재의식에 깊이 새겨지게 되죠. 그래서 온몸의 감각을 동원해 얼마나 강렬하게 느꼈느냐에 따라 때론 수백 번 반복한 것보다 더 강하게 잠재의식에 전달될 수 있습니다.

이렇게 원하는 장면이 잠재의식에 확실히 전달되기만 하면, 이때부터는 그것을 이루기 위한 무수한 정보와 기회들이 찾아옵니다. 내면에 떠오르는 영감, 주변에서 일어나는 변화들에 주의를 기울이고 따라가기만 하면 되죠. 문득 어떤 아이디어나 영감이 떠오른다면 망설이지 말고 행동해야 합니다. 갑자기 어떤 모임이나 세미나에 가고 싶다거나, 새로운 사람을 만날 기회 등이 찾아오면 주저하지 마세요. 갑작스러운 주변의 조언 또한 무시하지 말고 관심을 기울여보세요.

우주는 동시성의 원리로 우리가 알아야 하고 들어야 할 정보를 다른 사람의 입을 통해 전달하기도 합니다. 제가 그전까지는 별 관심 없던 학술대회에 갑자기 찾아간 것, 그곳에서 롤모델로 삼을 만한 약사님, 그리고 영양요법을 연구하는 학회를 만나고 제 약국의 체질을 과감하게 바꾸기로 시도한 것도 그런 예입니다. 그리고 학회의 고문이었던 약사님이 공유해준 존 리의 동영상을 보면서, 조언대로 장외주식을 추가 매입한 것 또한 같은 예이겠지요.

저는 '우주가 내 주문을 이뤄줄 해결법을 다른 사람을 통해서 알려주는구나' 하고 알아차렸습니다. 그래서 저는 단기간에 10억 빚으로부터 자유로워질 수 있었습니다. 그러니 원하는 소원을 시각화하고 주문을 한 이후에는 이러한 동시성 사건들에 주의를 기울이세요. 우주가 가져다주는 기회와 정보를 적극적으로 활용하시기를 바랍니다.

그러나 저도 심상화를 모두 성공한 것은 아닙니다. 심상화를 할 때는 가능하면 원하는 모든 상황을 구체적이고 명확하게 해주는 것이 좋습니다. 그러지 않으면 기대한 것과는 다른 결과를 경험할 수 있습니다.

제가 2019년 11월에 했던 심상화는 좀 엉뚱한 결과를 가져왔습니다. 자기 전에 명상하면서 상담 매출을 더 늘리기 위해 심상화를 시작했습니다. 약국에 건강식품을 포장한 택배 박스가 쌓여 있고 약국 문밖 복도로 사람들이 길게 줄을 서서 저를 기다리는 상상을 했죠. 이때 옆 병원 사무장님이 나와서 "무슨 줄이 이렇게 길어요?"라고 말하는 것까지 상상하며 끝냈습니다. 이렇게 며칠 상상하고는 잊어버리고 있었습니다.

그런데 그 뒤로 상담이 늘어나서 택배 포장이 더 많아지기는 했죠. 하지만 줄을 서는 일은 없었습니다. 그런데 놀라운 것은 몇 달 후 코로나-19 팬데믹이 터지면서 일어났습니다. 이때 마스크 대란으로 한동안 마스크를 사기 위한 줄이 약국 문밖 복도 끝까지 길게 늘어서는 상황이 벌어졌던 겁니다. 이때 정말 옆 병원 사무장님이 복도에 나와서 "무슨 줄이 이렇게 길어요?"라고 말하는 장면이 그대로 재현되었습니다.

제가 상상했던 일이 실제로 일어났던 것입니다. 제가 원래 의도했던 줄은 아니었지만 줄을 서기는 했죠. 좀 더 구체적으로 상상하지 않았기에 그런 상황이 일어난 것입니다. 그러나 생각해보면 상담하려는 사람이 그 정도로 많았다면 제가 감당할 수 없었을 겁니다. 그래서 그 상황이 저에게는 가장 최적화되어 나타난 것이라 생각했습니다.

또 다른 사례를 소개하겠습니다. 한 지인이 복권 1등에 당첨되는 장면을 심상화했습니다. 그런데 현실은 복권 1등 당첨된 사람 옆에서 그 장면을 목격했다고 합니다. 자신이 직접 그것을 긁고 교환하는 시각화를 해야 했는데 구체적으로 하지 않은 것을 후회했죠. 그러나 이 경우도 본인 내면의 영혼 차원에서는 복권 당첨을 원하지 않았기에 그런 결과가 나왔던 것이라 생각합니다. 저는 복권 당첨 같은 일확천금을 바라는 소원은 권장하지 않습니다. 대부분의 복권 당첨자들이 몇 년 후에는 거의 원래 상태로 돌아가거나 더 나쁜 상황에 직면한다고 합니다.

돈 그릇을 키우지 않은 상태에서 갑작스럽게 큰돈이 들어오면 그것을 감당하지 못해 다 토해내게 되어 있기 때문이죠. 제가 과거에 주식으로 3억을 벌었다가 결국 빚이 10억까지 늘어난 것도 그러한 예입니다. 그보다는 큰돈을 벌 수 있게 자신의 그릇을 키우는 과정으로 인도받는 것이 가장 바람직합니다. 돈 그릇이 키워지면 돈은 자동으로 끌어당겨지기 때문입니다.

심상화 기법은 특히 운동선수들이 많이 사용하는 것으로 알려져 있습니다. 중요한 경기를 앞둔 선수들은 경기 내내 위기 상황에 어떻게 대처할 것인지 미리 영화를 보듯이 상상합니다. 그리고 위기를 기회로 반전시켜 완벽하게 능력을 발휘하는 모습을 꾸준히 시각화하죠. 그러면 마인드 컨트롤도 되고 좋은 성과까지 얻을 수 있습니다.

우리 큰딸도 재수할 때 심상화 기법으로 효과를 봤습니다. 고삼 때는 긴장감으로 모의고사보다 수능성적이 안 좋았습니다. 그래서 재수할 때는 수능 한 달 전부터 시험 장면을 매일 심상화하게 시켰죠. 그렇게 상상 속에서 미리 반복 체험함으로써 시험에 대한 긴장과 두려움을 내려놓게 되었고 마음이 한결 편안해졌습니다. 그해 수능 1교시 국어가 사상 최대로 어렵게 출제되면서 많은 수험생의 멘탈이 흔들렸고 2, 3교시까지 영향을 받았습니다. 그러나 우리 딸은 심상화 덕분에 모든 과정을 무사히 마치고 국영수 1등급을 받아 의대에 합격할 수 있었습니다.

병이 더 빨리 낫는 강력한 심상화 방법

저는 환자들을 치유하는 과정에도 심상화 기법을 사용했습니다. 환자들을 상담할 때, 질환이 치유되면 어떤 삶을 살고 싶은지, 어떤 활동을 하고, 어떤 일상을 누리고, 어떤 기분이 들지를 구체적으로 떠올리도록 했습니다. 희망을 잃어버려 우울한 말기 암 환자에게는 이번 생에 하고 싶은 일을 버킷리스트로 만들게 해, 희망적인 상상을 하도록 이끌었습니다. 그렇게 하면 무기력해진 환자들은 다시 삶에 대한 의지를 다지게 되고, 실제로 생명이 연장되거나 치유되는 것을 목격했습니다.

구체적인 심상은 신체 증상을 사라지게도 만듭니다.

한번은 한평생 남편의 폭행을 참고 견디느라 화병과 불면증이 생겨 정신과 약을 10년 이상 복용해온 60대 여성과 상담을 했습니다. 그녀는 수시로 가슴에 뜨거운 불이 올라와 가슴을 지지는 느낌 때문에 고통스러워하셨어요. 너무 오랫동안 남편에 대한 분노의 감정을 억눌러서 신체 증상으로 나타나고 있었습니다. 여러 병원 검사를 받았지만 원인을 발견할 수 없었고, 정신과 약을 복용해도 고통은 해결되지 않았습니다. 화병은 분노의 감정을 풀어내야 호전될 수 있기에, 영양요법과 함께 여러 심리 치유기법들을 추천했습니다. 혼자 있을 때 베개를 두드리고 소리도 지르고, 거울 명상을 통해 울기도 하면서 억누른 감정들을 풀어내도록 했죠. 약 한 달 후 위염이나 과민성 대장 증상 등 소화기 질환은 확실히 좋아졌지만, 그녀를 정말 괴롭게 만들었던 불로 지지는 듯한 증상은 차도가 없었습니다.

그래서 그분에게 자기 전에 가슴의 불을 시원한 폭포수로 씻어내는 심상화를 병행하도록 했습니다. 심상화하는 과정에서 그녀는, 자신이 강하게 붙잡고 있던 분노의 감정을 모두 놓아버렸습니다. 그랬더니 10년 넘게 고생한 증상이 3주 만에 완전히 사라졌지요.

《당신이 플라시보다》의 저자 조 디스펜자 박사의 사례는 더 드라마틱합니다. 그는 젊어서 철인 3종 경기에 참가했다가 자동차 사고로 척추뼈 6개가 골절되습니다. 척추 수술을 하지 않으면 걸을 수 없다는 진단을 받았지만, 그는 끝내 수술을 거부하고 퇴원했습니다. 그리고 집 침대에 누워 척추가 완전하게 재생되는 시각화를 계속했죠. 그 결과 3개월 만에 수술 없이도 골절된 뼈가 붙어 정상 치유되는 기적을 보여주었습니다.

우리 안에는 엄청난 치유의 힘이 내재되어 있습니다. 그것은 심상화를 활용하면 누구나 작동시킬 수 있습니다. 심상화를 통해 잠재의식에 전달된 메시지는 우리의 건강과 소원을 이루는 데 놀라운 힘을 발휘하지요. 그러니 당신의 삶을 건강하고 풍요롭게 바꾸고 싶다면, 적극적인 심상화를 통해 잠재의식의 무한한 힘을 활용해보기를 바랍니다.

원하는 소원을 글로 써라

성공한 사람들이 잠재의식을 프로그래밍하는 데 심상화와 함께 가장 많이 사용하는 방법이 바로 '글로 쓰는 것'입니다. 글로 쓰는 것은 생각과 행동을 동시에 하는 것이기에 뇌를 이중으로 자극하게 됩니다. 단순히 소원을 생각하는 것만으로는 오래 기억되지 않습니다. 글로 써서 명확하게 하고 반복해서 볼 때, 잠재의식에 더 강하게 저장되지요. 그리고 글쓰기는 상상력을 계발하고 자신의 내면과 소통할 수 있는 좋은 수단입니다. 지속적인 글쓰기를 통해서 자신이 진정으로 원하는 것이 무엇인지 발견할 수 있고, 내면의 지혜를 이끌어낼 수도 있습니다. 소원을 글로 쓰는 것만으로도 꿈을 실현했다는 사람들이 아주 많습니다.

성공학의 아버지로 불리는 나폴레온 힐은《생각하라 그리고 부자가 되어라》라는 책에서 부자가 되는 소원을 이루기 위해 반드시 해야 할 여섯 가지 원칙을 다음과 같이 이야기했습니다.

첫째, 당신이 바라고 있는 돈의 금액을 명확하게 한다.

둘째, 당신이 원하는 만큼의 돈을 얻기 위해 당신은 무엇을 할 것인가를 결정한다.

셋째, 소망을 달성하는 기일을 정한다.

넷째, 돈을 얻기 위한 면밀한 계획을 세우고, 가령 그 준비가 덜 되었더라도 상관하지 말고 즉시 행동에 들어간다.

다섯째, 지금까지의 네 가지 원칙을 종이에 상세하게 기술한다.

여섯째, 이 종이에 적은 선언을 1일 2회, 잠자리에 들기 직전과 아침에 일어난 즉시 되도록 큰 소리로 읽는다. 이때 당신은 이미 그 돈을 가졌다고 생각하며 그렇게 믿어버리도록 하는 것이 중요하다.

부자가 되기 위해서는 이 여섯 가지 원칙을 정확하게 쫓아야 하는 것은 물론이고, 그중에서도 여섯 번째 원칙이 가장 중요하다.

수많은 성공한 부자들이 나폴레온 힐의 성공법칙을 따르고 있었습니다. 나폴레온 힐은 20년간 성공한 기업가 507명을 인터뷰하고 조사하여 성공의 원리를 정리해 수백만 명의 백만장자를 탄생시켰습니다. 그의 성공철학의 핵심이 바로 자신이 원하는 목표를 명확히 종이에 쓰고 매일 말하는 것이었습니다.

우리가 일상에서 하는 모든 생각과 행동은 잠재의식에 저장된 패턴에 의해 무의식적으로 행해지고 있습니다. 그러니 매일 긍정적인 프로그램을 계속 입력하지 않으면, 우리는 과거의 부정적 프로그램대로 계속 살아가게 됩니다. 그러면 삶을 원하는 대로 끌고 갈 수가 없죠.

매일 자신이 원하는 삶의 방향과 목표를 글로 쓰는 것은 배의 방향키를 놓치지 않고 원하는 경로로 끌고 가는 것과 같습니다. 해풍이 이끄는 대로 파도에 휩쓸려가지 않으려면, 자신의 삶이 나아가기를 바라는 지속적인 방향과 목표를 상기해야 합니다. 이것은 자신이 삶의 주인이자 주인공이 되기 위해 아주 중요한 작업입니다.

매일 쓰고 말하여 의식에 새겨넣는다

저는 6년 전부터 매일 일기에 목표를 적고 있습니다. 이것은 삶에 대해 명확한 방향성을 갖게 하고, 힘든 과정 중에 있더라도 더 큰 비전을 향해 나아갈 수 있는 힘을 줍니다. 그러나 모든 것이 잘 풀리면서 저도 한동안 이것을 중단했던 적이 있습니다. 그러니 삶의 방향성이 다시 희미해지고, 주변 사람들과 환경에 다시 끌려다니는 자신을 발견하게 되었습니다. 그래서 이건 몇 년으로 끝낼 것이 아니라 평생 해야 하는 작업이라는 것을 깨달았죠. 자신의 삶을 주도적으로 이끌려면, 매일 원하는 비전과 목표를 쓰고 이것을 오랫동안 지속할 수 있어야 합니다.

제가 과거에 일기에 썼던 목표들은 지금 모두 이루어졌거나 이루어지는 과정에 있습니다.

아이들이 원하는 진로를 찾고 목표한 대학에 합격시키겠다는 소원도 이루어졌습니다. 두 딸 모두 자신이 꿈꾸던 행복한 대학 생활을 하고 있죠. 10억 빚을 갚고 경제적으로 자유로워지는 꿈도 이루어졌고요. 약국에서 온종일 일하던 답답한 생활에서 벗어나, 원하는 공부를 하고 자유롭게 돌아다니며 보람된 일을 하고 싶다는 소원도 다 이루어졌습니다. 또 오랫동안 억압되어 있던 감정적 상처와 트라우마도 심리학과 영성 공부를 통해 치유했습니다. 과거의 잠재의식에 새겨진 프로그램에 구속되어 있던 상태에서 벗어나, 이제는 삶의 모든 면에서 자유로워졌고, 제 자신을 더 깊이 알고 사랑하게 되었죠. 매일 원하는 목표를 쓰고 말하는 행위는 이제 저에게는 빼놓을 수 없는 일상의 습관으로 자리 잡았습니다.

소원이나 목표를 종이에 쓰는 것은 자동차 네비게이션 시스템에 목적지를 입력하는 것과 같습니다. 하지만 우리 잠재의식은 자동차와는 다른 특성이 있습니다. 자동차 네비게이션은 목적지를 한 번만 입력하면 도착할 때까지 다시 입력할 필요가 없죠. 그러나 우리의 잠재의식은 반복해서 입력하지 않으면 안 됩니다. 일정 기간 이상 계속 반복해서 잠재의식에 완전히 스며들어 각인이 될 때까지 해야 합니다. 특히 과거의 프로그램이 완전히 해체되지 않으면 새로 입력한 프로그램과 충돌하는 경우가 있습니다.

가령, '나는 100억 부자'라는 목표를 입력했다고 해보죠. 그러나 과거의 프로그램은 부자에 대한 거부감이 입력되어 있어서 무의식적으로 부자가 되고 싶어하지 않는다면 계속 충돌하게 될 것입니다. 그래서 과거의 프로그램이 완전히 해체될 때까지 장기간 반복적인 입력이 필요합니다. 게다가 우리는 이미 말했듯이, 매스컴이나 타인의 말에 의해서도 자신도 모르는 사이에 최면에 걸리곤 합니다. 그래서 의식하지 못하는 사이에 부정적 프로그램이 잠재의식에 깔리게 되죠. 그렇기에 목표가 분명히 입력되었더라도 중간에 자꾸 흔들리는 일이 생깁니다. 이것이 현실이죠. 부자가 되기를 원했다가도 주변 사람들이나 TV에서 탐욕스러운 부자에 대해 욕하는 것을 보게 되면, 자신도 모르게 부자가 되면 욕을 먹을 수 있다는 부정적 내용이 무의식에 새겨집니다. 그러면 내면의 목표가 흔들릴 수 있죠. 그러니 목표를 이루기 전까지는 반복해서 잠재의식에 입력하는 것이 중요합니다.

또한 반복의 힘은 엄청납니다. 반복의 횟수가 많아질수록 그 에너지는 더 강력하게 잠재의식에 전달되죠. 그리고 원하는 현실에 주파수를 맞추고 더 강력하게 끌어당기게 됩니다.

그런 면에서 '100일간 100번 쓰기'는 아주 강력한 끌어당김의 도구입니다. 하지만 생각보다 쉬운 방법은 아니죠. 매일 하루도 쉬지 않고 100일간 원하는 목표를 쓰는 행위는 대단한 의지가 아니면 해낼 수 없으니까요. 정말 간절하지 않으면 끝까지 하기 어렵죠. 달성하기 힘들지만 그만큼 효과는 강력하다고 할 수 있습니다. '100일간 100번 쓰기'를 해낸다는 것은 잠재의식을 강하게 프로그램하는 방법이기도 하지만,

우주에 내가 그 소원을 반드시 이루겠다는 강력한 의지를 나타내는 것이기도 합니다.

제가 인생의 바닥에서 다시 올라올 수 있었던 가장 강력한 전환점을 만들어준 것이 바로 100일간 100번 쓰기였습니다. 그때 '경제적, 육체적, 정신적 자유'를 100일간 100번 쓴 이후 자유로 가는 여정을 순차적으로 안내받게 되었죠. 그리고 놀라운 기회가 찾아왔고 저는 그 기회를 활용하여 원하는 모든 것을 이룰 수 있었습니다.

그리고 저는 감사일기와 미래일기도 썼습니다. 처음에는 그날의 감사한 일로 시작했다가 나중에는 원하는 소원이 이루어진 미래에 대해 미리 감사하는 일기를 썼습니다. 그게 제 목표에 집중하기에 더 좋았으니까요. 제가 약국의 매약 매출이 늘어 경제적으로 풍족해진 것에 대해 미리 감사했습니다. 또 블로그 방문객 수가 20만 명에 이른 것에 대해서도 미리 감사했습니다. 그 이루어진 상태를 글로 쓰면서 기분 좋은 느낌을 떠올리니 절로 입가에 미소가 지어졌고 온몸에 기쁨의 전율이 느껴졌습니다.

그리고 미래에 일어날 일들을 상상하여 소설처럼 미래일기를 쓰기도 했습니다. 미래에 일어나기를 바라는 상황을 글로 묘사하면서 생생하게 느꼈습니다. 제가 학회의 학술이사가 되어 많은 약사님들을 대상으로 강의를 하고 박수갈채를 받는 상상을 글로 쓰며 기분 좋은 상태에 머물렀습니다. 그리고 기적적인 임상 사례를 발표하면서 약사님들로부터 감사와 존경을 받는 내용도 썼고, 그 기분 좋은 느낌에 미소를 지으며 감사했습니다. 이때 저는 진심으로 목표에 완전히 몰입해 있었기에, 그런 감사일기나 미래일기를 쓰는 것이 즐거운 취미생활이었습니다.

이렇게 글로 쓰고 상상하며 온몸으로 현실처럼 느끼니, 몇 년 후에나 이루어질 것으로 기대한 일들이 몇 달 만에 이루어졌죠. 단순히 글로 쓰기만 해도 이루어질 수 있겠지만, 이렇게 생생하게 상상하며 느끼고 몰입할수록 끌어당김의 힘은 더 강력해집니다.

또한 글쓰기는 잠재의식과 소통하는 아주 좋은 방법입니다. 답답하고 스트레스받는 일이 있을 때, 그러한 사건과 감정들을 글로 써보세요. 떠오르는 대로 쓰다 보면 불편한 감정들이 배출되어 마음이 편안해지는 것을 느낄 것입니다. 또한 불편한 감정들이 해소되면서 내면의 지혜가 우러나와 안 풀리던 일의 실마리나 해결책이 떠오르기도 합니다.

생각이 정리되지 않고 마음이 어지러울 때나 찾고 싶은 답이 있을 때도 글로 써보세요. 바로 떠오르지 않더라도 질문을 던져놓으면 우리 잠재의식은 그 답을 찾아줍니다. 이런 면에서 글쓰기는 내면의 지혜와 연결해 목표를 이루고 풀리지 않는 문제를 해결하는 데도 훌륭한 방법입니다.

원하는 소원을 확언하라

어려서부터 반복해서 들었던 말들이 우리의 잠재의식에 저장되어, 자신도 모르게 생각과 행동을 일으키고 우리의 현실을 창조하고 있습니다. 그래서 현실을 바꾸고 싶다면, 같은 방법으로 스스로에게 원하는 말을 반복해서 들려주어야 합니다. 과거의 부정적인 정보를 대체할 긍정적 정보로 우리의 잠재의식을 새롭게 프로그래밍해야 하죠. 이것이 바로 '확언'입니다.

우리가 하는 말에는 강력한 힘이 있습니다. 생각 없이 습관적으로 내뱉는 말들이 자기암시가 되어 스스로에게 매일 최면을 걸고 있습니다. 자신이 하루 종일 어떤 말을 하는지 관찰해보세요. 겉으로 하는 말과 마음속으로 하는 혼잣말 모두 해당이 됩니다. 당신이 스스로에게 들려주는 말들이 당신의 삶을 창조하고 운명을 만들고 있습니다.

말에는 에너지가 담겨 있다

말의 힘이 얼마나 강력한지 보여주는 실험을 소개하겠습니다.

몇 년 전 MBC 아나운서를 대상으로 한 실험을 했습니다. 갓 지은 밥을 2개의 유리병에 나누어 담고는 매일 같은 말을 들려주는 실험이었습니다. 한 병에는 "고맙습니다"라는 말을 들려주었고, 다른 병에는 "짜증 나"라는 말을 들려주었습니다. 이 2개의 병에 든 밥은 들려준 말만 다를 뿐 같은 장소와 환경에서 실험했습니다. 그리고 4주 후 놀라운 변화가 나타났습니다. "고맙습니다"라는 말을 들려준 밥은 구수한 누룩 냄새가 나는 하얀 곰팡이가 생겨났고, "짜증 나"라는 말을 들려준 밥은 악취가 나는 까만 곰팡이가 피어 있었습니다. 이렇게 우리가 일상적으로 하는 말에는 에너지가 담겨 있고, 그 에너지가 우리 세포에 영향을 주어 현실을 만들어냅니다.

불평불만을 늘어놓는 사람 옆에 있으면 기운이 빠지고 피곤해지는 경험을 해본 적이 누구나 한 번쯤 있을 것입니다. 반대로 누군가가 긍정적인 말로 칭찬을 해주거나 분위기를 북돋아주면 기분이 좋아지고 자신감이 생깁니다.

우리는 평상시에 자신도 모르게 습관적으로 자신을 비하하는 생각이나 말을 하는 경우가 많습니다. 어렸을 때 어른들에게 잘못 받아들인 프로그램 때문입니다. 그래서 이 부정적 프로그램을 바꾸고 삶을 긍정적으로 변화시키기 위해서는 자신에게 지속적으로 긍정의 말을 들려주어야 합니다.

성공한 사람들은 이러한 사실을 잘 알고 있기에 대부분 확언을 하는 습관이 있었습니다. 빌 게이츠는 세계 최고의 갑부가 된 비결을 묻는 질문에 이렇게 대답했습니다. "나는 날마다 스스로에게 두 가지 최면을 겁니다. '왠지 큰 행운이 찾아올 것 같다' 그리고 '나는 뭐든지 할 수 있어'라고 상상합니다." 빌 게이츠는 이렇게 아침마다 스스로에게 매일 최면을 걸었기에 엄청난 부를 이룰 수 있었다고 합니다.

자수성가로 수천억 자산가가 된 캘리 최 회장도 저서《웰씽킹》에서 자신이 만난 부자들은 모두 확언의 대가였다고 합니다. 특히 아침에 일어나자마자 하루를 시작하기 전에 긍정확언을 하면 외부의 영향으로부터 잘 흔들리지 않는다고 강조했습니다.

아침을 긍정적인 확언으로 시작하면 우리의 진동이 올라가게 됩니다. 그러면 하루 종일 높은 진동 상태로 좋은 일들을 끌어당겨 하루가 순조롭게 풀릴 수 있습니다. 그리고 어려운 문제를 만나더라도 더 긍정적인 자세로 대처하기에 잘 헤쳐나갈 수 있죠.

제가 자기 계발 세미나에서 만났던 한 부동산 중개사가 있었습니다. 그는 매일 아침 거울을 보며 이렇게 큰 소리로 외치고 하루를 시작한다고 합니다. "나는 무엇이든 할 수 있어. 나는 행운의 사나이다! 거대한 풍요가 나에게 오고 있다. 오늘도 최고의 하루가 나를 기다린다. 아자! 아자!" 그분은 세미나에서 확언을 배우고 아침마다 꾸준히 하기 시작한 지 1년 만에 매출이 2배 이상 상승했다고 합니다. 부동산 경기가 침체된 시기라 다른 부동산은 매출이 폭락했는데 그분은 오히려 더 성장하고 있었습니다.

이렇게 성공한 많은 사람들이 실천하는 확언을 하지 않을 이유가 있을까요? 확언을 해봤는데 효과가 없다고 하는 분들이 있습니다. 무엇이 잘못되었을까요?

이런 경우는 자신의 혼잣말이나 내면의 목소리를 관찰해보아야 합니다. 하루에 한 시간 동안 긍정 확언을 하면서 나머지 23시간 동안은 스스로에게 부정적인 생각과 말들을 하고 있는 경우가 많습니다. 이것이 무의식적으로 이루어지기에 스스로 알아차리지 못하는 경우가 많죠. 이미 수십 년 동안 반복적으로 입력된 프로그램이 부정적이라면, 짧은 시간의 확언으로 쉽게 달라지지 않겠죠. 이런 경우 스스로 무의식적인 생각과 혼잣말을 알아차리고 틈만 나면 수시로 확언을 하는 습관을 가지면 좋습니다.

밥 프록터는 하루 천 번씩 2년 동안 확언을 반복했다고 합니다. 잠재의식을 빠르게 바꾸고 원하는 것을 강하게 끌어당기고 싶을 때는 그만큼 더 많은 에너지를 쏟아부을 필요가 있습니다. 모든 것은 에너지이고, 잠재의식을 바꾸고 현실을 창조하는 작업도 에너지의 질과 양에 비례해서 작용하기 때문입니다.

확언을 할 때 주의점

확언을 만들 때는 자신이 원하는 소원을 넣어서 만들되 주의할 점이 있습니다. 앞에서 얘기했듯이, 우리 잠재의식은 부정어를 이해하지 못합니다. 따라서 반드시 '긍정문'으로 만들어야 합니다. 예를 들어 "나는 가난에서 벗어나고 싶어"나 "나는 빚을 빨리 갚고 싶어"라고 하면 잠재의식은 가난과 빚을 이미지로 떠올리기 때문에 오히려 역효과가 날 수 있습니다. 과거의 제가 빚을 빨리 갚고 싶다고 생각할수록 빚이 더 늘어나는 경험을 오랜 시간 했던 것은 이런 원리를 몰랐기 때문입니다. 가난에 집중하면 더 가난해지고, 빚에 집중하면 빚이 더 확대됩니다. 그래서 원하지 않는 것이 아니라 원하는 것에 집중해야만 합니다.

잠재의식에 전하는 제대로 된 확언은 "나는 풍요로운 부자다", "점점 더 많은 돈이 내게 오고 있다" 같은 긍정적인 문장입니다. 잠재의식은 이미지와 느낌으로 정보를 받아들인다는 것을 기억하세요. 그러니 확언을 할 때도 원하는 현실을 이미지로 떠올리면서 오감을 활용하여 생생하게 느낄수록 더 효과적입니다. 그 원하는 현실이 이루어졌을 때를 떠올리며 감사한 느낌과 흐뭇한 미소를 지을수록 더 강렬한 진동 주파수를 만들어냅니다. 반복의 힘도 중요하지만, 많은 횟수를 반복하지 않아도 오감을 이용해서 온몸의 세포에 강렬한 인상을 남기면 더 빨리 현실화됩니다. 그만큼 강력한 진동을 만들기 때문입니다.

또 확언은 이미 이루어진 것처럼 '현재시제'로 하는 것이 좋습니다. "나는 부자가 되고 싶다"고 하면 무의식은 결핍을 느끼게 되고 "나는 가난하다"라는 뜻으로 받아들입니다. 그러니 당당하게 "나는 부자다, 나는 풍요를 누리고 있다"처럼 이미 이루어진 미래의 진동 주파수에 일치시켜야 합니다. 그러나 현실과 괴리가 너무 크게 느껴진다면 "나는 매일 부에 한 걸음 더 가까워지고 있다", "나는 점점 더 풍요로워지고 있다"와 같이 현재진행형의 형태도 좋습니다.

원하는 목표뿐 아니라 자신의 정체성을 바꾸는 확언을 하는 것도 좋습니다. 아무리 원하는 목표를 명확히 해도 자신의 정체성이 낮은 진동 상태에 머물러 있다면, 목표와 현실은 너무 큰 괴리가 있기에 끌어당기기 어렵습니다. 원하는 것을 이루려면 결국 목표와 자신의 진동이 맞아야만 합니다. 목표는 100억 부자이고 유명인사가 되는 것인데, 자신에 대한 이미지는 자신감 없고 부족한 것들로 채워져 있다면, 그것은 진동의 불일치로 끌어당길 수가 없습니다. 그래서 자신이 되기를 원하는 정체성에 대해서 확언을 해주면 좋습니다.

저는 제가 원하는 정체성에 대해 반복 녹음하여 10분 정도의 음성파일로 만들어서 이 녹음파일을 아침에 알람음으로 설정해둡니다. 그러면 아침에 일어나자마자 듣게 되기에 잠재의식에 더 잘 입력됩니다.

건강 이슈가 있는 환자들에게는 자기 사랑과 건강에 관련된 확언을 추천합니다. 이런 확언은 건강과 젊음을 유지하는 데도 큰 도움이 됩니다. 자신이 원하는 확언을 몇 문장으로 만들어서 아침과 자기 전에 꾸준히 반복해보세요. 우리는 결국 자신이 생각하고 말하는 대로 살게 됩니다. 자신의 잠재의식을 긍정적인 말들로 채워 자신의 삶을 원하는 대로 창조해 보세요.

제가 아침마다 듣고 말하는 확언의 예시를 알려드리겠습니다.

나는 나를 믿고 사랑한다.

나는 아주 특별한 존재이고 멋진 사람이다.

나는 자신감 넘치고 무엇이든 할 수 있다.

나는 풍요로운 삶을 창조할 힘이 있다.

나는 좋은 사람들과 환경을 끌어당길 능력이 있다.

나는 인기 있고 매력적인 사람이다.

나는 모든 일에서 긍정적인 면을 볼 수 있다.

나는 매일 모든 면에서 성장하고 있다.

나는 좋아하는 일을 하며 행복하고 감사하다.

나는 뛰어난 재능과 천재적인 두뇌를 가지고 있다.

나는 강한 체력과 생명력을 가졌다.

나는 나이를 거꾸로 먹는다.

나는 점점 더 젊고 활력이 넘친다.

나는 몸과 마음이 아름다운 사람이다.

나는 어떠한 역경도 이겨낼 수 있다.

나에게 위기란 기회일 뿐이다.

나는 항상 행운의 여신과 함께 나아간다.

우주의 무한한 지혜와 사랑의 에너지가

나를 통해 흐르고 있다.

온 우주가 나를 돕기 위해 움직이고 있다.

나는 운이 정말 좋은 사람이다.

나는 내 삶에 항상 감사한다.

나는 나의 모든 면을 사랑한다.

나는 나의 세상에서 만나는 모든 사람들을

사랑하고 그들에게 감사한다.

저항을 놓아버리고 힘을 빼라

끌어당김을 위한 시각화, 확언, 글쓰기 등을 충분히 한 후에는 그 목표에 대한 저항을 놓아버리는 것이 중요합니다. 대부분의 사람들이 원하는 것을 제대로 끌어당기지 못하는 가장 큰 이유는 저항 때문입니다. 저항은 우주의 에너지의 흐름을 막는 두려움의 상태에서 일어납니다.

저항에는 두 가지 형태가 있습니다. 무언가를 너무 싫어하고 일어나지 않기를 바라는 '혐오의 마음'과 무언가를 너무 강하게 원한 나머지 '집착하는 마음'입니다.

첫 번째, 혐오의 마음은 자신이 원하는 것이 아니라 원하지 않는 것에 초점을 맞추기에 불안, 걱정을 일으킵니다. 무언가를 싫어하고 두려워하면 자신도 모르게 더 강하게 경계하고 집중하게 되어 있습니다. 싫어하고 피하고 싶은 마음이 오히려 그것을 더 꽉 붙잡게 만들지요.

두 번째, 집착하는 마음은 결핍에서 나옵니다. 집착하는 마음 상태에서는 아무리 많이 가져도 만족할 줄 모르고 끝없는 결핍을 느끼게 됩니다. 그리고 우주의 더 큰 지성을 신뢰하지 못하고 모든 것이 자신의 계획대로 이루어져야 한다는 에고의 아집이 생기게 되지요. 이러한 마음 상태는 우주의 무한한 풍요와 사랑의 에너지가 흐르는 것을 차단합니다.

이렇게 되면 원하는 것에 집중하는 대신 원치 않는 것을 싫어하고 경계하는 데 자신의 모든 에너지를 써버린 나머지, 정작 원하는 것에는 집중하지 못합니다. 저항하는 것은 끝없이 계속되는 것이 우주의 법칙입니다. 저항이란 원하지 않는 부정적인 생각을 꽉 붙잡고 있는 것입니다. 인간은 선사시대부터 맹수나 환경의 위험으로부터 생존하기 위해 위험에 대비하는 유전자를 발달시켜왔습니다. 그래서 긍정적인 것보다는 부정적인 것에 자동으로 집중하게 되어 있습니다. 자동적인 부정적 사고는 인류 공통의 사고방식입니다. 그러나 이 또한 알아차림의 힘이 커지면 바꿀 수 있습니다. 긍정적인 것이든 부정적인 것이든, 우리는 자신이 초점을 두는 모든 것을 끌어당깁니다. 그래서 부정적인 면에 초점을 두고 두려워하고 경계하며 집착하는 대신, 저항을 놓아버리고 긍정적인 면으로 초점을 옮겨야만 원하는 현실을 창조할 수 있습니다.

저항할수록 끝없이 지속된다

제가 경험한 저항의 사례를 소개해보겠습니다. 저 또한 끌어 당김으로 많은 성공을 거두었지만, 때로는 알아차리지 못한 채 저항함으로써 부정적 현실을 창조하기도 했었죠. 3년 전 쯤 둘째 딸이 대학에 합격하고 큰딸도 겨울방학이라 둘 다 집에 와 있을 때 일입니다. 그때 저는 림프종 3기의 중학생과 중증 피부질환으로 고생하는 20대 대학생을 상담했습니다. 그들의 공통점은 식이 습관이 심각하다는 것이었어요. 거의 매일 치킨이나 햄버거, 피자, 편의점의 패스트푸드와 당도 높은 음료수 등을 주로 먹었죠. 어린 시절부터 그런 음식에 길들여져 있었어요. 림프종이었던 아이는 심지어 항암을 위해 병원 입원 중에도 환자식을 못 먹겠다며 치킨을 시켜 먹었을 정도였습니다. 아무리 항암을 하고 영양요법을 하더라도 매일 먹는 식단이 발암물질로 이루어져 있다면 근본적인 치유는 어렵겠죠. 결국 그 친구가 항암 후 몇 달 만에 다시 재발하는 것을 보게 되었고, 저는 부모님께 더 엄격하게 식단을 관리하도록 조언을 해드렸습니다.

이런 학생들을 상담하다 보니 저도 모르게 걱정이 점점 늘어났습니다. 요즘 아이들은 10대 때부터 하루 종일 학원에서 공부하고, 20대는 취업 준비, 공무원 시험을 준비하느라 제대로 된 집밥을 못 먹는 상황이죠. 우리의 미래를 이끌 아이들과 청년들이 거의 패스트푸드와 가공식품으로 길러지고 있고, 그로 인해 어린 나이부터 암이나 다양한 질환들이 증가하고 있다는 것이 너무 걱정스러웠습니다.

그런데 그런 걱정이 몰려오자마자 우리 딸들이 갑자기 치킨, 피자, 케이크 등을 매끼 먹기 시작했습니다. 저는 걱정이 되어서 잔소리를 하게 되었죠. 그런데 그다음 날도 또 그다음 날도 이런 상황은 계속되었어요. 전에는 가끔 먹었던 것에 비해, 그때는 반항이라도 하듯이 매일 기름지고 단 음식들을 먹었습니다. 저는 마음이 더 불안해졌죠. 처음에는 둘째가 입시가 끝나고 스트레스를 풀기 위해 그동안 못 먹어본 걸 실컷 먹나 보다 생각했는데, 그게 아니었습니다. 매일 밥 대신 그런 음식을 먹는 상황이 2주 정도 계속되었어요. 그런데 급기야 남편까지 쿠팡으로 온갖 빵, 쿠키, 아이스크림들을 주문하기 시작했습니다. 저는 남편에게 화를 냈습니다. 그러나 남편은 다음 날도 튀김소보루빵을 잔뜩 사왔습니다. 제가 또 남편에게 화를 내려던 찰나에 갑자기 알아차림이 찾아왔어요.

지금까지 3주 가까이 계속된 이 상황이 제가 끌어당긴 것이라는 것을 깨달았습니다. 제가 아이들이 건강한 식생활을 하길 바라는 것은 잘못된 것이 아니었죠. 그러나 제 무의식에는 아이들이 그런 안 좋은 음식을 먹고 제가 상담한 친구들처럼 건강이 악화되면 어떡하지 하는 걱정이 숨어 있었던 것입니다. 그래서 저는 더 이상 남편과 아이들이 무엇을 먹든 잔소리를 하지 않았습니다. 그리고 이렇게 생각을 바꿨습니다. '아이들이 지금은 그런 음식을 먹을지라도, 어느 정도 먹고 나면 다시 원래대로 건강한 식사를 하게 될 거야. 그리고 우리 아이들은 결국 아주 건강하게 잘 자랄 거야.'

제가 이렇게 생각을 바꾸고 나니 그들이 무엇을 먹든 그냥 신경이 안 쓰이고 마음이 편안해졌습니다. 그런데 놀라운 것은 바로 그다음 날부터 아이들이 갑자기 다이어트를 하겠다며 야채와 닭가슴살로 식단을 바꾸었다는 것입니다. 그리고 모든 것이 다시 정상적으로 돌아왔습니다. 결국 저의 걱정이 남편과 아이들로 하여금 안 좋은 음식에 집착하도록 끌어당겼던 것이었죠. 이제 저는 아이들에 대해 어떠한 걱정도 하지 않습니다. 어떤 음식이나 행동의 해로움보다 제 걱정의 해로움이 훨씬 크다는 것을 아주 잘 알기 때문입니다.

걱정이란 원하지 않는 것을 이루어달라고 간절히 기도하는 주문과 같습니다. 무언가 걱정하고 싫어하는 대신 일어나길 원하는 것에 집중하세요. 진정 자신이 원하는 것만을 생각하세요.

활시위를 힘껏 당겼다면 놓아버려라

다음으로, 소원에 대한 강한 집착 또한 끌어당김을 방해하는 요소입니다. 계속해서 갈망하고 집착하고 있다는 것은 아직 그것을 이루거나 가졌다고 느끼지 못하는 상태입니다. 새 자동차를 가지겠다는 끌어당김을 했다고 상상해봅시다. 자동차를 사기 전에는 생각만 해도 설레지만, 막상 차를 사고 시간이 조금 지나면 그 설렘이 사라져버리죠. 자신이 이미 가졌다는 것을 안다면 더 이상 그것에 대한 집착이 사라집니다. 진정으로 가진 상태는 그것을 반드시 가져야겠다는 집착은 존재하지 않습니다. 우리가 이미 익숙한 것에는 집착하지 않는 것처럼 말입니다. 이미 가져봤기에 있어도 없어도 그만인 상태에 이르게 됩니다.

끌어당김은 활시위를 당겨서 화살을 과녁에 맞추는 행위에 비유할 수 있습니다. 과녁을 정확히 조준하고 활시위를 있는 힘껏 당긴 뒤에는 손에 힘을 놓아버려야 합니다. 화살이 내 손을 떠난 후까지 손에 힘을 주고 있는 사람은 없죠. 활을 쏘기 전까지만 최선을 다해 목표에 집중하면 됩니다. 목표를 정확하게 겨냥했다면 손에서 화살을 놓아버리고, 내 손을 떠난 화살이 과녁에 명중할 것을 알면 그만입니다. 그 뒤에 화살이 과녁에 꽂히기까지는 그저 힘을 빼고 내맡기면 됩니다.

그런데 활시위를 계속 당기고만 있다면 화살은 과녁에 꽂힐 수가 없습니다. 아무리 목표를 정확하게 조준해도 마지막 순간에는 힘을 빼야 합니다. 또는 너무 오랫동안 강하게 힘을 주며 활시위를 당기는 바람에 줄이 끊어져버릴 수도 있습니다. 끌어당김도 이와 마찬가지입니다. 계속 집착하고 붙잡고 있으면, 이미 거의 다 끌어당겨놓은 것을 현실화되지 못하도록 막고 있는 것이나 마찬가지입니다.

집착은 인간의 모든 고통의 근원입니다. 모든 것이 이미 이루어진 편안한 상태에 머무는 것이 중요합니다. 그것은 지금 일어나고 있는 과정이 자신을 위한 최선의 길임을 아는 내맡김의 상태입니다. 그리고 중간에 어떤 과정이 펼쳐지더라도 그것이 나를 위해 일어나고 있으며, 결국 내가 원하는 최상의 미래로 이끌어줄 것임을 믿고 받아들이는 수용의 상태일 때 모든 것은 수월하게 이루어집니다.

무술의 고수는 시합을 할 때 힘을 주지 않습니다. 초보나 하수는 온몸에 긴장과 힘이 잔뜩 들어가 있기에 고수와는 경쟁 상대가 되지 않습니다. 고수는 힘을 거의 쓰지 않은 채로 아주 편안하고 가벼운 몸놀림으로 상대를 한 방에 쉽게 제압합니다. 끌어당김도 이와 같습니다. 끌어당김의 고수는 무술 고수와 같은 상태로 자신의 힘을 쓰는 것이 아니라 우주의 흐름에 올라타서 바람을 타고 가듯이, 물 흐르듯이 자연스럽게 모든 것을 성취합니다.

그러니 충분히 끌어당김을 했다면 당연히 받을 것으로 알고 그 꽉 움켜쥔 힘을 빼세요. 그리고 그것이 이루어지든 아니든 신의 뜻에 맡기고 가벼워지세요. 일어날 일은 일어나게 되어 있습니다. 그것이 자신에게 맞는 것이 아니어서 일어나지 않았다면, 대신 자신에게 더 좋은 것이 올 것임을 믿으세요. 어떠한 집착도 없이, 지금 이 순간에 만족감이 들고 편안한 상태에 머물 때가 가장 현실화가 잘되는 상태입니다. 마치 명상 상태와 같은 고요하고 평온한 상태죠. 그래서 성공한 많은 분들이 명상을 하는 것입니다.

저의 과거 경험을 돌아보아도 알 수 있습니다. 제 큰딸이 첫 의대 입시에서 실패했을 때를 돌이켜보면, 제가 딸이 의대에 갈 것이라는 걸 강하게 믿고 있었지만 집착이 너무 강했습니다. 제가 몇 년간 아이들 뒷바라지하느라 학원과 독서실 앞에서 밤늦게까지 기다리는 생활에 너무 지쳐 있었기에, 빨리 자유로워지고 싶은 마음이 너무 강했죠. 그래서 꼭 한 번에 붙었으면 좋겠다고 생각했고, 어떻게든 한 번에 붙게 만들겠다며 강하게 집착하고 있었어요. 제 마음 상태가 그러했으니 떨어지는 것은 당연했던 것입니다.

그런데 재수할 때는 제가 명상과 수련을 하면서 마음에 공간이 생겨서 여유로워졌어요. 재수해서 의대에 가면 좋고, 안되면 1년 더 공부해도 좋다고 생각했습니다. 그저 딸이 가장 좋은 타이밍에 가장 좋은 대학에 가게 될 것이라고 생각했죠. 한 번에 대학에 붙거나, 더 좋은 대학에 붙는 것이 중요하지 않게 생각되었어요. 제가 딸의 미래에 더 나은 것이 무엇인지 정확히 알 수는 없으니까요. 단지 딸의 미래를 성공으로 이끌어줄 수 있는 인연과 기회를 만날 수 있도록 최상의 타이밍에 맞춰 가장 좋은 학교로 우주가 인도해주실 거라 믿었죠. 그러니 어떤 결과에도 집착하지 않고 다 받아들일 수 있는 상태가 되었고 아주 평온해졌어요. 그리고 큰딸은 기적처럼 자신의 운명의 학교에 합격했습니다.

지금까지 제가 끌어당긴 모든 경험을 돌아보면, 집착하고 힘을 주고 있는 상태에서 이루어진 적은 한 번도 없었어요. 그리고 어떤 불안이나 의심 없이 순수한 의도와 믿음으로 임할 때, 그 어떠한 결과도 받아들일 수 있는 평온한 상태일 때 모든 것이 이루어졌습니다. 그리고 가장 좋은 때에 가장 좋은 것이 나를 위해 올 것임을 아는 상태일 때 모든 것이 물 흐르듯이 자연스럽게 이루어졌죠. 그러니 당신도 두려움과 집착을 놓아버리고 편안해지세요. 그러면 당신에게 가장 좋은 때에 가장 좋은 방법으로 모든 것이 이루어질 것입니다. 지금 일어나고 있는 모든 과정이 당신을 위해 일어나고 있음을 신뢰하고 감사하세요. 당신이 이 평온한 받아들임과 믿음의 상태에 머문다면, 결국 자신이 진정으로 원하는 최상의 목적지에 아주 수월하게 도달할 것입니다.

명상으로 내면의 에너지를 충전하라

우리는 음식 섭취와 호흡을 통해서 육체의 에너지를 얻습니다. 음식물을 소화시키고 분해하여 포도당을 만들고 호흡을 통해 들어온 산소와 연소 작용을 통해 에너지를 생성합니다. 두뇌나 육체 활동 후 기운이 소진되었을 때 맛있는 음식을 먹고 나면 기운이 나는 것을 느끼죠.

그러나 때로는 우리가 정신적으로 많이 지치고 고갈될 때는 음식을 섭취하는 것만으로는 에너지가 채워지지 않습니다. 이것은 우리 인간이 단지 육체에 국한된 존재가 아니기 때문입니다. 인간 존재의 본질은 '의식'입니다. 사람이 죽으면 의식이 빠져나가죠. 의식이 빠져나간 육체는 한낱 고깃덩어리에 불과합니다. 육체는 단지 의식이 깃들어 있을 때만 의미가 있습니다. 의식은 무한하고 영원불멸한 우리의 실재입니다.

그래서 우리가 아무리 잘 먹고 쉬어도 기운이 나지 않고 생기나 활력이 없다면 육체의 문제가 아닙니다. 무엇을 해도 공허하고 기쁘지 않다면, 그것은 육체 에너지가 아니라 내면의 에너지가 고갈된 상태입니다. 이때는 내면 에너지를 충전해야 합니다. 내면 에너지는 영혼이 원하는 기쁜 일을 하는 것과 명상을 통해 충전할 수 있습니다.

명상, 진정한 자신과 만나는 시간

명상을 통해서 우리는 내면의 진정한 자신과 만날 수 있습니다. 그 내면의 진정한 나는 모든 것을 알고 있고 무한한 가능성을 가졌으며 모든 존재와 연결되어 있습니다. 당신이 그 존재를 참나, 진아, 신, 하느님, 불성, 현존, 그 무엇이라 불러도 좋습니다. 명상을 통해 고요함 속으로 들어가 진정한 자신을 만날 때, 우리는 마치 비로소 집에 돌아온 것 같은 편안함을 느낄 수 있습니다. 이 진정한 나는 온 우주 만물과 연결되어 있기에 깊은 명상에 들어가면 '나'라는 작은 존재는 사라지고 그저 평온함과 모든 것이 완전함을 느낍니다. 그 상태에서는 어떠한 걱정이나 불안도 없습니다. 그 안에서는 당신이 원하는 모든 것이 다 이루어지고 이미 가지고 있음을 알게 됩니다. 명상을 통해 이 영점장(Zero point)의 상태에 접속하게 되면 우리는 모두가 하나로 연결된 한계 없는 존재가 됩니다. 우리 자신이 우주의 전체이고 모든 것이 됩니다. 무한한 가능성의 에너지로 꽉 채워진 이 영점장에서 내면의 에너지를 충전해보세요.

이 내면 의식의 에너지가 충전되면 많이 먹지 않아도 활력이 넘치고 기쁨과 충만함, 그리고 자신감이 샘솟습니다. 내면 에너지가 충전될수록 무엇이든 가능하다는 자신감과 함께 온 세상이 아름답고 사랑스럽게 느껴집니다. 그리고 모든 일이 당신을 위해 일어나고 있음에 감사하게 됩니다.

이 상태에서는 무수한 영감과 아이디어가 찾아옵니다. 성공한 많은 사람들은 명상을 생활화했습니다. 스티브 잡스도 명상 애호가로 알려졌고, 구글을 포함한 미국의 많은 IT 기업들이 명상을 적극적으로 활용하고 있습니다. 저 또한 성공한 사람들을 따라서 명상을 시작했다가 완전히 매료되었죠.

명상은 마음을 평온하게 하고 창의력을 높여주며 정신 에너지를 증가시킵니다. 이 내면의 에너지를 증가시키는 것은 끌어당김을 위한 배터리를 충전하는 것과 같습니다. 사실 현실 창조는 내면 에너지의 발현입니다. 내면의 밭에 원하는 소망의 씨앗을 심었다면 언젠가는 싹이 트고 자라나게 됩니다. 그러나 아무것도 안 하고 그냥 두면 그 싹은 썩거나 말라 죽을 수도 있겠지요. 이 싹에 물을 주고 영양분을 공급해야 합니다. 같은 씨앗을 심어도 가뭄이 심하고 척박한 땅에서는 아주 작고 약한 식물이 자라거나 말라죽을 수 있습니다. 그러나 땅이 비옥하고 적당한 비와 햇볕이 비추는 좋은 기후에서는 아주 튼튼하고 풍성한 식물이 자라납니다.

명상으로 내면의 에너지를 충전하는 것은 밭을 비옥하게 하고 좋은 기후를 유지해주는 것과 같습니다. 그래서 어떤 사람은 끌어당김이 쉽게 이루어지는 반면, 또 어떤 사람은 전혀 이루어지지 않는다고 합니다. 내면의 프린트물을 현실로 출력하려면 내면의 에너지가 충전되어 있어야 합니다. 전력이 약하거나 배터리가 방전된 경우 프린트물이 흐리게 나오거나 출력되어 나오다가 중단될 수도 있습니다. 더 강력한 현실 창조력을 가지고 싶다면 명상을 통해 내면의 배터리를 충전하세요. 그러면 당신의 끌어당김의 능력이 몇 배 강력해질 것입니다.

제가 큰 빚으로 죽고 싶은 상태에서 벗어나 우주의 법칙을 알고 새로운 삶을 살기 시작했을 때, 저는 책도 읽었지만 매일 명상 수행을 시작했습니다. 하루에 두 시간 이상 기공과 명상을 했고 주말에는 하루 종일 특별수련과 명상 프로그램에 참여했습니다. 그러면서 기적 같은 사례들을 목격했습니다. 단지 몸 수련과 명상을 통해서 암 환자가 좋아지고 난치병 환자들이 좋아지는 사례들을 보게 되었죠. 이런 경험을 통해서 저는 인간은 몸과 마음의 수련을 통해 우리 육체를 넘어선 더 큰 힘과 연결될 수 있음을 알았습니다. 그래서 저는 환자들을 상담할 때도 집에서 쉽게 할 수 있는 명상이나 절수련 등을 추천했습니다. 실제로 명상을 통해 몸과 마음이 회복되면서 건강뿐 아니라 금전 운이 좋아지거나 승진을 하시는 분들도 보았습니다.

제가 본격적인 끌어당김을 시작하기 전에 1년 정도 이렇게 깊은 명상 상태에서 내면과 만나고 에너지를 충전하는 시간을 가졌던 것이 저의 현실 창조력을 더 강력하게 만들 수 있었습니다. 성공학이나 끌어당김 관련 세미나에 참여해보면 다 어느 정도의 성과를 만들어내지만, 저처럼 드라마틱한 경험을 하는 사람은 드뭅니다. 단기간에 강력한 현실 창조를 하기 위해서는 그만큼 에너지가 필요하기 때문입니다. 그리고 그 에너지의 원천은 내면으로부터 나오기에 명상은 아주 중요한 요소입니다.

내면의 힘을 깨운 명상 수행 1년

저는 1년 정도 신체 수련과 명상에 깊이 몰두한 후에 실제로 내면의 힘이 깨어나게 되었고, 말도 안 되는 자신감이 생겨났습니다. 10억 빚 따위 아무것도 아니고 금세 갚을 수 있을 것 같다는 생각이 들었죠. 그러고는 빚에 대한 걱정은 사라지고, 나중에 수백억 자산가가 될 것이라는 확신이 생겨났습니다. 명상을 통해 무한한 가능성의 장에 연결되면서 제 안의 엄청난 잠재력을 본 것이었죠. 불과 1년 전만 해도 10억 빚에 짓눌려서 평생 고통스럽게 살다가 죽을 것이라고 생각했던 작은 자아는 어느새 사라져버렸습니다. 대신 제 안에는 무한한 능력이 있다는 것을 아는 저의 진정한 힘이 깨어나기 시작했습니다.

내면과 소통이 원활해지면서 저의 여정에 필요한 영감들이 수시로 찾아오고 빠르게 실현되었습니다. 갑자기 제가 도움받을 어떤 장소에 가야만 할 것 같은 느낌이 떠오르거나, 어떤 환자에게는 특정 제품이나 요법을 추천해주면 좋겠다는 영감들이 적절하게 찾아오면서 모든 일이 물 흐르듯이 흘러 갔습니다. 그리고 동시성 현상이 수시로 나타나면서 모든 것들이 딱딱 맞아떨어지고 쉽게 이루어지는 경험을 여러 차례 하게 되었죠. 제가 항상 우주의 보호를 받고 있다는 충만감과 편안함을 느꼈습니다.

예를 들면, 주차하기 정말 어려운 장소에 갔는데 제 바로 앞에서 차가 나가면서 좋은 자리가 생겨 편하게 주차를 한다거나, 수강하고 싶었던 강의가 이미 몇 달 전에 마감되었는데 다음 해 강의를 미리 예약하려고 전화했더니 바로 몇 분 전에 한 분이 취소하면서 운 좋게 강의 시작 하루 전에 자리를 잡거나 하는 등의 다양한 경험들을 했습니다.

자신의 무한한 잠재력을 깨우고 원하는 현실을 창조하기 위한 힘을 가지고 싶다면 매일 꾸준히 명상하시기를 추천합니다. 명상은 당신의 영혼이 진정으로 원하는 삶이 무엇인지 알려줄 것이고, 그것을 이루는 여정으로 이끌어줄 것이며, 끌어당김의 힘을 더 강력하게 만들어줄 것입니다.

명상을 처음 하시는 분들은 오랜 시간 앉아 있는 것이 힘들 수 있습니다. 처음에는 일단 움직임 명상부터 시작해보세요. 꼭 앉아서 하는 것만이 명상은 아닙니다. 사실 우리가 일상생활을 할 때 알아차림 속에서 하는 모든 활동은 다 명상에 해당합니다. 자연을 거닐며 산책을 하거나 춤을 추며 내면을 자유롭게 표현하거나, 절수련, 요가 등도 좋습니다. 그렇게 몸을 움직인 후 몸에 힘이 빠지고 난 후 잠시 3~5분이라도 눈을 감고 내면에 집중해보세요.

스트레스가 많고 몸이 긴장되어 있는 분들은 고요히 앉아서 명상에 집중하기가 힘듭니다. 육체에 억압된 감정과 스트레스 물질이 쌓여 있기 때문입니다. 그런 경우는 계속 앉아 있으려 하면 오히려 집중이 더 안 됩니다. 운동이나 산책을 하면 정체된 감정과 스트레스 물질이 호흡과 피부로 배출되면서 에너지의 순환이 원활해지고 육체의 힘이 빠집니다. 그러면 뇌파가 알파파 상태로 떨어지면서 몸이 이완되고 쉽게 깊은 명상 상태로 들어가게 됩니다. 그렇게 몸에 힘이 빠지고 생각이 텅 비워질 때 잠시 몇 분이라도 앉아서 내면에 집중해보면 좋습니다.

시간이 없다면 아침과 자기 전 3~5분 정도라도 시도해보세요. 에너지가 충전되고 머리가 맑아질 수 있습니다. 낮에 직장에서 잠깐 화장실에 앉아서 3분 정도 호흡에 집중하는 것만으로도 스트레스가 줄고 에너지가 채워질 수 있습니다. 성공한 분들이 스승을 찾아다니며 명상에 집착하는 데는 다 이유가 있는 겁니다.

명상은 의식을 확장하고 자신을 알아차리는 힘을 키워줍니다. 자신만의 좁은 편견에서 벗어나, 의식을 더욱 확장하여 더 높고 큰 차원에서 자신과 세상을 바라보고 통찰할 수 있게 됩니다. 일반인들이 1층 높이에서 세상을 바라본다면, 명상을 통해 의식이 확장되면 10층, 100층 높이에서 세상을 바라볼 수 있게 되지요.

의식이 확장되면 기존에는 인식하지 못하던 정보를 알아볼 수 있게 됩니다. 좁은 편견에 갇혀 있을 때는 황금 같은 기회가 바로 옆에 지나가도 알아차릴 수 없습니다. 그러나 우리가 더 높은 곳에서 더 넓게 볼수록 세상의 더 많은 기회를 알아볼 수 있게 되죠.

위대한 과학자나 발명가들은 산책이나 깊은 몰입 등의 명상 상태에서 영감을 받았기에 역사에 한 획을 긋는 업적을 이루었습니다. 당신도 명상을 통해서 더 확장된 의식으로 자신에게 필요한 정보와 기회에 접속할 수 있습니다. 그 안에서 무한한 정보와 기회를 발견하고 자신의 가능성과 잠재력 또한 발견하게 될 것입니다. 그리고 진정한 자신의 존재와 연결되고 힘을 얻어 인생의 주인공이 되시기를 바랍니다.

에너지 진동수를 바꿔주는 호오포노포노

호오포노포노는 하와이 인디언의 지혜에서 유래한 만트라 명상의 일종으로, 우리 내면의 부정적인 에너지를 정화해줍니다. 저는 일상에서 호오포노포노를 실천하면서 건강을 회복하고 인간관계의 여러 문제들을 해결하는 데 큰 도움을 얻었습니다.

"미안합니다 용서해주세요 감사합니다 사랑합니다"를 무한 반복하면 무의식의 부정적 에너지가 긍정적 에너지로 바뀌어 우리의 에너지 진동이 올라가게 됩니다. 이 과정을 통해 깊은 무의식에 저장된 부정적 에너지가 정화되고 해방되는 것이지요. 이것을 반복하면 앞에서 다룬 긍정의 말 실험에서처럼, 우리 세포에 높은 진동의 에너지 상태를 만들 수 있습니다. 우리의 진동이 올라갈수록 낮은 진동의 부정적 독소 물질들이 몸 밖으로 배출되어 자연치유력이 올라가지요.

저는 불치병, 난치병, 심지어 암 환자들이 "미안합니다 용서해주세요 감사합니다 사랑합니다"를 반복하면서 건강이 좋아지는 경우를 실제로 많이 보았고, 우울증이나 불안장애를 앓는 사람들이 6개월에서 1년간 이것을 계속하면서 건강한 마음 상태로 회복되는 것도 보았습니다. 그래서 저는 마음이 아픈 분이나 암 환자들에게 이 호오포노포노를 반복하도록 추천했고, 다른 대체요법과 병행하면서 치유 효과를 보았습니다.

관계의 실타래를 푸는 호오포노포노

호오포노포노는 몸뿐 아니라 인간관계의 꼬인 실타래를 푸는데도 탁월합니다. 저는 6년 전 조 비테일과 휴렌 박사의 《호오포노포노의 비밀》을 처음 읽고 다양한 실험을 하기 시작했습니다. 그때 어떤 오해 때문인지는 모르겠지만, 몇 달 전부터 저만 보면 불친절하고 화난 것처럼 퉁명스럽게 말하던 사람이 있었습니다. 저는 공원을 산책할 때마다 그 사람을 떠올리면서 "미안합니다 용서해주세요 감사합니다 사랑합니다"를 반복했죠. 처음에는 그 사람을 떠올리면 화가 나거나 기분이 나빴지만 며칠 지나면서 모두 용서가 되고, '그 사람도 삶이

오죽 힘들었으면 나를 그렇게 대했을까?' 하는 연민의 마음이
생기면서 편안해졌습니다.

그러던 어느 날, 현실에서 그 사람과 어떤 대화도 해보지
않은 상태에서 일주일 만에 다시 마주쳤는데 놀라운 일이 일
어났습니다. 그분이 전과는 완전히 다른 우호적인 태도로 웃
으면서 저에게 말을 걸어온 것입니다. 그리고 그 뒤로는 지금
까지 계속 기분 좋은 관계로 잘 지내고 있습니다. 제가 그 당
시에는 인식하지 못했지만, 그 사람에 대한 부정적 선입관이
이미 제 무의식에 있었다는 것을 나중에 알아차리게 되었어
요. 제 내면에서 부정적 에너지가 정화되고 마음이 편안해지
니, 현실에서 어떤 행동도 취하지 않았음에도 그 사람과의 관
계는 자연히 풀렸습니다.

또 한번은 우리 약국 위에 있던 병원에 간호사가 새로 바
뀌었습니다. 그런데 어떤 일인지 모르겠지만 우리 약국에 대
한 오해가 생긴 것 같았어요. 기존에 우리 약국은 5년 넘게 그
병원 간호사분들과 좋은 관계를 유지하며 잘 지내왔어요. 그
런데 갑자기 새로 온 그 간호사가 우리 약국이 불친절하다며,
환자들에게 처방전을 줄 때 옆 건물의 1층 약국으로 다 보내
버려서 매일 20~30명씩 오던 환자가 급기야 단 한 명도 오지
않는 사태가 발생했습니다.

저는 오해를 풀기 위해 위층 병원을 찾아가서 그 간호사 분과 원장님께 인사를 드렸어요. 제가 실수한 부분이 있다면 말씀해주시고 오해를 풀어달라고 사과했죠. 그리고 며칠 동안 관계가 정상화된 듯했으나 다시 같은 상황이 반복되었습니다. 원장님은 우리 약국에 우호적이었기에 그 간호사가 원장님 눈치를 보느라 며칠간은 자제했던 것입니다. 그러나 원장님은 진료실에만 계시고 데스크에서 환자에게 처방전을 주는 것은 그 간호사가 전담했었기에, 며칠이 지나자 다시 또 옆건물 약국으로 환자를 모두 보내버렸습니다.

처음에는 그 간호사가 옆 건물 약국과 담합을 한 것 같다는 생각에 분노가 올라왔어요. 그러나 부정적 추측이 부정적 현실을 창조한다는 것을 상기하고 바로 관점을 바꿨습니다. 저는 이런 일이 일어나는 데는 다 이유가 있을 거라 생각하고 호오포노포노를 하기 시작했어요. 그 간호사도 그럴 수밖에 없었던 어떤 아픔이 있을 거라 생각했죠. 저 또한 그 간호사에 대해 부정적으로 생각하고 있었던 무의식 안의 무언가를 정화하겠다는 마음으로, 계속 생각날 때마다 호오포노포노를 반복했습니다. 그리고 며칠 지나니 마음이 편안해졌죠. 일이 해결되든 안 되든 괜찮다는 생각이 들었어요. 처방전 그만큼 덜 받는다고 굶어 죽는 것도 아닌데, 우주가 알아서 모두에게 최선의 길로 이끌어줄 거라고 믿으니 편안해졌습니다.

그런데 놀랍게도 일주일 만에 상황이 완전히 반전되었죠. 갑자기 코로나-19가 대유행하면서 마스크 대란이 일어났어요. 마스크 공급에 문제가 생겨서 국가가 제공하는 공적 마스크를 1인당 2장만 살 수 있었고, 그것도 약국에 몇 시간씩 줄을 서야 살 수 있었어요. 병원도 마스크 구하기는 마찬가지로 어려웠던 상황이었죠. 이때 그 간호사는 옆 건물 약국에서도 마스크를 구하지 못하자 우리 약국에 부탁해서 구하게 되었어요. 그리고 나니 전에는 냉랭하게 대하던 그 간호사가 마스크를 사갈 때마다 감사해하며 허리까지 숙여 인사를 하고 갔어요. 그리고 위 병원의 처방전은 다시 원래대로 잘 내려오게 되었습니다.

저는 이렇게 인간관계 트러블이 생겨서 마음이 불편할 때, 제 마음을 정화하고 나면 상대방이 달라지는 경우를 많이 경험했습니다.

몇 년 전에 코엑스 공중화장실에 새로 구입한 스마트폰을 두고 나온 적이 있었어요. 몇 분 만에 바로 찾으러 갔지만 누군가 이미 가져가버린 뒤였죠. 분실물센터와 안내데스크에 문의해봤지만 찾을 수가 없었습니다. 스마트폰을 다시 구입하는 것이 문제가 아니라, 그 안에 저장된 수많은 환자의 기록들이 사라지는 것이 큰 문제였어요. 그래서 저는 그 폰을 꼭 찾아야 했습니다. 친구의 폰을 빌려서 계속 제 폰으로 전화를 해봤지만 신호는 가는데 받지 않았죠. 그래서 인터넷으로 위치추적을 해보니 강남구에서 동작구로 이동 중이었어요. 누군가 스마트폰을 훔쳐 간 것이 확실해 보였어요.

저는 이 폰을 찾지 못하면 당장 환자 상담에 큰 차질이 생길 거라는 불안감을 놓아버리기 위해 호오포노포노를 시작했습니다. '내 안의 무엇이 당신으로 하여금 그런 행동을 하게 만들었는지 알 수 없지만, 제가 당신에 대해 가진 부정적 기억을 정화합니다. 미안합니다. 용서해주세요. 감사합니다. 사랑합니다'라고 계속 마음속으로 중얼거렸습니다. 두 시간 정도 지나니 마음이 차분히 가라앉고 스마트폰을 찾든 못 찾든 상관없고, 모든 것이 순리대로 될 것이라는 생각이 들었습니다. 그리고 큰 기대 없이 마지막으로 근처에 있는 경찰서에 들어가서 제 폰에 전화를 해달라 요청했습니다. 그런데 놀랍게도 기존에 수십 번을 전화해도 안 받던 그분이 갑자기 전화를 받았습니다. 주인을 찾아주려고 가져갔다고 말하는 그분에게, 묻지도 따지지도 않고 너무너무 감사하다는 인사를 반복했습니다. 그리고 몇 시간 후에 퀵서비스로 스마트폰을 받을 수 있었죠. 이렇게 저는 제 마음을 정화해서 상대의 마음도 움직이는 경험을 했습니다.

우리의 진동을 올려주는 호오포노포노

또 호오포노포노는 저의 진동을 끌어올려서 부정적 상황에서 벗어나게 하는 데도 도움을 주었습니다. 작년에 대학원 수업을 마치고 집으로 가는 길에 경험한 일입니다. 제가 다니는 불교대학원은 건물 주차장이 협소하여 공용 주차장에 주차해야 하는데, 공용 주차장이 굉장히 좁고 복잡한 골목 안쪽에 있었습니다. 그런데 그날따라 그곳의 에너지가 뭔가 좋지 않은 느낌이 들었어요. 제가 차를 빼서 골목을 나오던 중 사거리에서 갑자기 사방으로부터 차가 한 곳으로 몰리더니 길이 꽉 막혀버렸습니다. 평상시에는 통행량이 많지 않은 좁은 골목이었는데 그날따라 차들이 어디서 왔는지 다 몰려들었습니다. 서로 양보하지 않고 차를 빼주지 않으려고 빵빵거리는 소리로 시끄러워졌습니다. 앞 차에서 두 명이 내리더니 소리를 지르고 서로 싸우느라 골목은 순식간에 난장판이 되었습니다. 제 뒤로도 차가 막고 있어서 이러지도 저러지도 못하는 상황에 갇히게 됐죠.

저는 그 시끄럽고 부정적인 분노의 에너지장에 휩쓸리고 싶지 않아서 그저 호오포노포노를 외우며 마음의 평정을 찾고 있었습니다. 처음에는 '이러다가 오늘 집에 못 가는 거 아니야' 하는 머릿속 불안의 목소리가 올라왔지만, 호오포노포노를 하니 금세 고요함의 진공상태로 빨려 들어갔습니다. 저는 어떤 보호막 안에 둘러싸여서 다른 차원에 있는 듯한 느낌이었어요. 5분인지 10분인지 정확한 시간은 알 수 없었지만 조금 지난 후, 제 오른쪽 골목에 차가 빠지고 길이 열려서 저는 생각보다 빠르게 그 혼잡에서 빠져나왔습니다. 그런데 제가 그 어두운 에너지장에서 유유히 빠져나오자마자 또 다시 다른 차들이 그 골목으로 유입되면서 다시 시끄러운 고함과 경적 소리가 들려왔습니다. 그날따라 자신들의 분노를 폭발시켜야 할 사람들이 그 골목에서 서로를 끌어당겨서 만나졌던 것 같았습니다. 이렇게 호오포노포노는 외부의 낮은 에너지 상태에서 자신의 에너지를 보호하고 진동을 올리는 데도 아주 유용합니다.

모든 현실은 내 마음의 반영이고, 어떤 상황에서도 내 마음을 동요시키지 않고 평온하게 유지한다면, 결국 평온한 현실을 끌어오게 됩니다. 인간관계에서의 불편한 관계도 상대가 먼저 기분 나쁘게 행동했더라도 호오포노포노를 통해 내 안에서 일어나는 그에 대한 불쾌한 마음을 더 큰 연민의 마음으로 정화를 하면, 현실에서 관계가 저절로 좋아집니다.

제가 지인 약사님에게도 호오포노포노를 추천해서 효과 보신 분들이 있습니다. 기존에는 상담하는 환자들마다 불평불만이 많아서 너무 지치고 피곤하다고 하신 분이었죠. 그런데 매일 호오포노포노를 하고 1~2개월 뒤부터는 상담하는 사람들마다 자신에게 고마워한다며 정말 신기하다고 하셨어요. 덕분에 약국 분위기가 좋아졌고 매출도 늘었다고 제게 감사해하셨습니다. 세상은 자신의 마음을 비추는 거울과 같기에, 자기 내면의 불평불만을 정화하고 감사와 사랑으로 채우니 현실도 감사와 사랑이 나타나게 된 것이죠.

다른 약사님은 마음의 평화와 안정을 위해 호오포노포노를 열심히 했는데, 생각지도 않았던 공돈이 생겼다고 좋아하셨어요. 또 한 환자분은 매일 '감사합니다. 사랑합니다'를 반복했더니 자기 차례가 아니었음에도 갑자기 승진을 한 경우도 있었어요.

결국 우리는 진동하는 에너지이고 호오포노포노를 통해서 내면의 부정적인 에너지를 정화하고 진동을 올리면 건강뿐 아니라 돈과 사업, 인간관계 등 모든 면에서 더 높은 진동의 현실을 끌어당긴다는 것을 경험했습니다. 당신이 불편한 감정 상태를 느낄 때, 마음을 정화하고 빠르게 진동을 올리고 싶다면 호오포노포노를 적극 활용해보시기를 권합니다.

끌어당김 후 상황이 더 나빠졌다면 좋은 신호다

끌어당김의 법칙을 믿고 글로 쓰고 확언하고 심상화를 했는데, 상황이 더 나빠졌다고 하는 분들이 있습니다. 그것은 아주 자연스러운 현상이고 우주가 나의 소망을 이루어주기 위해 작동하기 시작한 것입니다.

궁수가 활을 쏠 때 활시위를 뒤로 당기지 않고 쏜다면 어떻게 될까요? 화살이 앞으로 나갈 수 없습니다. 활시위를 뒤로 더 세게 당길수록 더 멀리 나가게 됩니다. 진정으로 풍요를 경험하기 위해서는 결핍을 경험해봐야 하고, 성공을 경험하기 위해서는 실패를 경험해봐야 합니다. 제자리에서 멀리 뛰기를 해봤자 멀리 뛰지 못합니다. 뒤로 가서 도움닫기를 하고 뛰어야 더 멀리 뛸 수 있죠. 그래서 원하는 목표로 가기 위해서는 때론 후퇴하고 실패해야만 더 강한 추진력을 얻게 됩니다.

왜 나는 끌어당김이 안 되는 걸까?

당신이 끌어당김을 시도하고 얼마 지나지 않아 회사에서 해고를 당하거나 연인과 헤어지거나 인간관계에서 갈등을 겪는 등 상황이 더 나빠질 수도 있습니다. 그러나 이때 '역시 끌어당김은 환상이고 사기야. 왜 나는 끌어당김이 안 되는 걸까?' 하며 포기하지 마세요. 오히려 '나의 소원을 이루어주기 위해 우주가 드디어 움직이기 시작했구나' 하고 기뻐하세요. 자신이 원하던 상황과 다른 상황이 나타나더라도 모든 것이 다 잘되기 위한 것임을 믿으세요. 어떤 상황에서도 그 믿음을 유지한다면 당신의 소원은 결국 이루어질 것입니다.

당신보다 훨씬 지혜로운 우주의 지성이 당신이 원하는 것을 이뤄주기 위한 가장 최상의 길을 설정해놓은 것입니다. 회사를 다니면서 연봉을 5천만 원 받고 있었던 당신은 연봉 1억 이상을 원해서 끌어당김을 합니다. 그러나 오히려 회사가 어려워져서 구조조정 끝에 백수가 되어버렸습니다. 자신이 끌어당긴 것과 완전히 반대 현상이 나타나는 것 같은 현실에, 당신은 절망에 빠져 우주를 욕할 수도 있습니다. 그러나 이것은 아주 자연스러운 현상이고 우주가 당신의 꿈을 이루어주기 위해 작동하기 시작한 것입니다.

우리는 표면적인 현상에만 주의를 기울이지만, 더 높은

우주 지성의 관점에서 본다면 기존 회사를 그대로 다니면서 당신이 원하는 연봉 1억을 달성하는 것은 불가능하기에, 완전히 새로운 길로 안내하고 있는 것입니다. 당장은 생계가 막막하고 힘들겠지만, 그런 역경 속에서 당신은 새로운 도전을 시작하게 될 거예요. 그리고 여러 번의 실패를 경험하며 점점 성장하고, 마침내 몇 년 후에는 연봉 1억을 넘어 연수익 5억 이상을 달성할 수도 있습니다. 실직을 당했던 그 당시에는 고통스러웠지만, 우주의 지혜는 결국 당신을 성장시키고 꿈을 이루어주는 최적의 코스로 안내해준 것입니다.

또 당신이 옛 애인을 잊지 못해서 그 사람과 재회하는 끌어당김을 시도했다고 해봅시다. 그런데 오히려 옛 애인이 다른 사람과 결혼을 한다는 소식을 듣고 충격을 받습니다. 역시 끌어당김은 작동하지 않는다고 좌절하며 비탄에 빠집니다. 그러나 오랜 절망 속에 빠져 있다가 어느 날 마음을 정리하기 위해 훌쩍 떠난 여행에서 운명의 상대를 만나게 됩니다. 결국 옛 애인은 당신에게 맞지 않는 상대였고, 이 모든 과정이 진짜 당신에게 맞는 운명의 반려자를 만나게 해주기 위한 우주의 배려였음을 당신은 나중에야 깨닫게 될 수도 있습니다.

이 외에도 많은 사례가 있습니다. 건강해지기 위해 끌어당김을 했는데, 자신의 체질에 맞지 않는 건강식품을 먹고 오히려 건강이 극도로 악화되는 상태에 이릅니다. 급기야 건강이 너무 나빠져 회사 일까지 그만두게 됩니다. 당신은 어쩔 수 없이 몇 년간 안식년을 가집니다. 당신은 그동안 바쁘게 사느라 자신에게 너무 소홀했다는 것을 깨닫습니다. 그래서 건강을 회복하기 위해 먹는 것뿐 아니라 운동과 명상, 취미생활 등을 하며 진정으로 자신의 내면이 원하는 것을 찾아 나섭니다. 진정한 자기돌봄의 시간을 통해 인생의 목표를 새로 발견하게 됩니다. 결국 이렇게 육체만의 건강이 아니라 영혼의 완전한 치유과정을 거치게 될 수도 있습니다. 그리고 이렇게 진정한 영혼의 기쁨을 찾는 과정을 통해 자신이 원하는 새로운 분야에서 재능을 발견하고 더 큰 성공의 길로 안내될 수도 있습니다.

가장 좋은 때에 가장 좋은 방법으로

우리는 지금 자신에게 일어나는 일을 표면적으로만 판단하지만, 그것이 진정 자신에게 좋은지 나쁜지는 현재 시점에서는 알 수 없습니다. 나중에 시간이 지나서 돌아보면 나쁘게 보였던 일조차도 자신이 원하는 결과로 가기 위해 필요한 과정이었음을 깨닫게 됩니다. 이런 식으로, 끌어당김을 시도했으나 상황이 더 나빠진다면 우주의 법칙이 제대로 작동하고 있다는 신호란 걸 기억하세요. 이때는 저항하거나 분노하고 좌절하지 마세요. 대신 이렇게 생각하세요.

'우와, 이런 일이 일어나는 것을 보니 드디어 우주가 나를 위해 움직이기 시작했구나. 나에게 더 좋은 것을 주기 위해 준비 중이라는 걸 알아. 내가 짐작할 수 없는 최적의 코스로 안내할 거라는 걸 나는 믿어. 분명 나를 위한 최상의 미래가 기다리고 있어. 나는 어떤 일이 있어도 결국 내 꿈을 이루게 될 거야. 모든 일이 나를 위한 큰 계획의 일부임에 감사합니다. 그리고 그 과정에서 만나는 모든 인연에도 감사합니다. 우주의 무한한 사랑과 배려에 감사합니다.'

만약 자신이 바라던 목표가 설정했던 기일까지 이루어지지 않아도 실망하지 마세요.

우리가 바라는 현실을 창조하기 위해서는 무수한 인연과 사건들을 만들어내야 합니다. 그렇기에 우리는 그것이 이루어질 정확한 시간과 방법을 맞출 수는 없습니다. 지혜로운 우주의 지성이 우리 자신보다 더 좋은 때를 알기에 거기에 맞춰서 실현시켜줍니다. 그래서 저는 원하는 목표에 대해 대략적인 기일을 설정하기는 하지만, 마감 기일에 집착하지는 않습니다. 대신 이렇게 외칩니다.

"나에게 가장 좋은 때에 가장 좋은 방법으로 이루어질 것을 믿습니다. 감사합니다."

저는 제가 원하는 것을 저보다 수천 배, 수만 배 지혜로운 우주의 지성이 가장 좋은 때에 가장 좋은 방법으로 이루어 줄 것을 믿기 때문에 항상 진심으로 감사합니다. 그래서 우주는 항상 저의 감사에 대한 보답으로 원하는 것을 현실화해줍니다. 때로는 제가 원하는 상황이 1년 또는 몇 년간 나빠지는 것처럼 보여도, 더 큰 선물을 받기 위한 과정임을 끝까지 믿었습니다. 그러면 결국 시간이 지나서라도 더 큰 보상을 받았습니다.

우리가 믿는 대로 현실이 만들어진다면 일어나는 모든 사건, 상황에 대해 자신이 어떤 태도를 취하는 것이 유리할지 생각해보세요. 중간에 원하는 것이 이루어지지 않는다고 끌어당김은 사기라며 신을 원망하는 경우가 있습니다. 그런 사람은 거의 다 끌어당겨진 현실을 물질화되기 바로 직전에 발로 차버리는 것입니다.

저는 항상 우주의 무한한 지혜를 믿습니다. 일어나는 모든 일에는 분명 우리가 모르는 이유가 있다고 생각합니다. 그래서 상황이 나빠 보여도 이미 이루어진 것에 감사하며 기다리기에, 그 일이 늦어지더라도 결국에는 다 이루었습니다. 지나고 보면 나쁜 일이라고 여겼던 것들도 사실은 원하는 결과를 만들기 위해 필요한 과정이었습니다.

그러니 끌어당김을 시도했을 때 부정적으로 보이는 현

상들이 나타나도 기뻐하세요. 그리고 이렇게 외치고 기도하세요. "드디어 내 소원을 이루어주기 위해 우주가 판을 다시 짜고 있구나. 저는 우주의 무한한 지혜와 사랑을 믿습니다. 감사합니다."

'웃는 얼굴에 침 못 뱉는다'는 속담이 있습니다. 이렇게 아이처럼 천진하게 사랑과 감사함을 보내는데 부모가 아이의 소원을 들어주지 않기는 힘들겠죠. 우주의 무한한 지성이 당신 편이라는 것을 믿고 또 믿으세요. 그리고 기쁨과 감사함 속에 머무르세요.

눈 앞에 펼쳐지는 일이 어떤 것이든 우리는 사람마다 그 현실을 다르게 경험할 수 있습니다. 그것이 어떤 사건이든 우리가 어떻게 반응하느냐가 현실을 창조합니다. 어떤 일이 일어나든 그에 대한 우리의 태도와 생각, 느낌이 우리의 진동을 결정합니다. 그리고 이때 우리가 내보내는 진동이 다음에 일어날 새로운 현실을 끌어옵니다. 그러니 어떤 일이 일어나든 그것을 좋게 해석하세요. 인생의 매 순간이 이러한 당신의 해석과 결정에 따라 달라질 수 있습니다. 일어나는 모든 일이 당신을 위해 일어나고 있음을 믿으세요. 그러면 당신도 그런 세상을 경험하게 될 것입니다.

4장

모두가 미쳤다고 해야 성공한다

: 현실 창조의 마스터가 되는 법

당신 인생의 목표는 무엇인가요? 성공한 사람들은 삶의 목표가 명확했습니다. 목표가 명확하지 않은 것은 목적지 없이 바다를 표류하는 것과 같습니다. 정말 가슴 깊이 원하는 삶, 영혼 차원에서 하고 싶은 일을 발견하세요. 좋아하는 일을 하며 열정을 불태울 때, 우리는 행복한 진동 에너지 속에 있게 됩니다. 그럴 때 성공의 문이 당신 앞에 열립니다. 우리는 저마다 영혼의 목표를 가지고 이 세상에 왔습니다. 모두가 자신만의 잠재된 재능의 씨앗을 싹 틔울 수 있고, 그것이 이 우주가 당신에게 바라는 일입니다.

독서로 의식을 확장하라

성공한 사람들은 대부분 책을 좋아하고 다독가입니다. 독서는 지식을 쌓고 경험을 확장하는 가장 가성비 좋은 도구입니다. 우리는 아는 만큼만 볼 수 있습니다. 우리에게 앎이 없다면 지나가는 무수한 기회들을 알아볼 수 없습니다. 바로 옆에 황금이 떨어져 있어도 그게 무엇이고 어떤 가치가 있는지 알지 못하면 무용지물이지요.

만약 원숭이에게 바나나 한 송이와 황금 한 돈 중 고르라고 한다면 무엇을 고를까요? 원숭이는 당연히 바나나를 고를 것입니다. 원숭이는 그 작은 황금의 가치를 알지 못하니까요. 이처럼 가치를 알아볼 수 있는 사람만이 기회를 잡을 수 있습니다.

이 세상에는 부와 성공을 이룰 수 있는 무수한 기회들이 널려 있습니다. 그러나 자신이 알아볼 수 있는 만큼만 그 기회를 잡을 수 있죠. 진흙 속에 다이아몬드가 떨어져 있어도 그 가치를 아는 사람만 주울 수 있습니다. 그래서 성공한 사람들은 더 많은 앎을 위해 독서와 명상 등에 집중하는 것입니다. 독서는 각 분야 최고 전문가들의 지식과 경험을 얻을 수 있고, 명상은 의식을 확장해서 우주의 지혜와 창의성을 얻을 수 있기 때문입니다.

우리는 자신이 한평생 배우고 경험한 것 외에는 알 수 없습니다. 그러나 인생은 짧고 그 모든 것을 경험하기에는 시간이 부족하지요. 그런데 책 속에는 수천 년의 역사와 경험, 지식, 지혜가 다 담겨 있습니다. 그런 면에서 독서는 타인의 경험과 지식을 빠르게 간접 경험하고 배울 수 있는 최고의 도구입니다. 그것도 아주 저렴한 수업료로 배울 수 있죠.

알지 못하면 보지 못한다

우리가 어려서부터 사회와 부모로부터 학습한 좁고 편협한 사고의 틀을 깨는 데 책만큼 좋은 것은 없습니다. 매일 비슷한 부류의 사람들만 만나고 비슷한 말만 듣고 살다 보면 우물 안 개구리처럼 사고의 틀이 좁아집니다. 제가 그랬습니다. 가난한 가정에서 자라고 비슷한 친구들과 어울리면서 어떻게 성공한 부자들의 생각과 지혜를 알 수 있었겠어요? 그러니 하는 것마다 잘못된 선택, 잘못된 투자를 반복했습니다. 그러고는 스스로 불운을 타고났다고 생각했죠. 죽음 직전까지 갔다 온 후에야 성공한 사람들과 지혜로운 현자들의 책을 읽으면서 제가 잘못된 사고체계를 가지고 있었음을 깨달았습니다.

성공하고 싶다면 주변 사람들의 말을 들을 것이 아니라, 진짜 성공한 사람들의 말을 듣고 그들의 경험에서 배워야 합니다. 자신의 협소한 사고의 틀만 고집한다면 삶은 늘 제자리를 맴돌 뿐이에요. 그러나 주변에서 성공한 사람들을 직접 만나기는 쉽지 않지요. 책은 때와 장소를 가리지 않고 그런 성공한 사람들의 이야기를 들을 수 있는 보물상자입니다.

그런데 많은 사람들이 독서에 대한 부담을 가지고 있고 지속적으로 실천하지 못합니다. 성공한 사람들은 수천 권의 책을 읽고 인생을 바꾸었다는데, 정작 한 달에 1~2권 읽기도 힘든 자신과 비교하며 시작부터 의욕을 잃는 경우가 많죠. 그러나 꼭 수백, 수천 권의 책을 읽어야만 인생을 바꿀 수 있는 것은 아닙니다. 당신이 인생 책을 만난다면, 단 몇 권의 책만으로도 인생은 드라마틱하게 바뀔 수 있습니다.

시크릿의 주인공인 밥 프록터는 단 한 권의 책을 몇 년간 읽고 또 읽으면서 인생이 완전히 달라졌습니다. 바로 나폴레온 힐의 《생각하라 그리고 부자가 되어라》라는 책입니다. 이 책을 통해 강력한 동기부여를 받은 것이 그를 성공한 사업가 이자 자기계발 분야의 전설이 되도록 이끌었지요. 사람마다 각자의 성향과 상황에 따라 인생 책은 다를 수 있습니다. 그러나 인생 책을 만나서 진정으로 가슴 깊이 깨닫고 그것을 실천하면, 인생은 완전히 새로운 차원으로 넘어가게 됩니다.

그래서 독서는 읽는 양보다는 질적인 부분이 훨씬 중요합니다. 수천 권의 책을 읽고도 실천하지 않고 삶의 변화가 없는 사람도 있습니다. 그러나 단 한 권의 책으로 인생의 큰 변화를 일으킬 만큼 깊은 울림이 있었다면 그것이 진정한 독서라고 할 수 있죠. 일단 그런 책을 발견한다면 여러 번 반복해서 읽고 또 읽으세요. 그것이 완전히 자기 것이 된다면 수백 권, 수천 권의 책보다 가치 있습니다. 그런 책을 하나씩 발견할 때마다 인생의 큰 도약이 일어날 것입니다. 그리고 새로운 관심 분야가 생기면 또 다른 책으로 확장해나가면 됩니다.

저는 여러 단체에서 공부하면서, 경전을 외우거나 책을 수천 권 읽고 진리의 말을 가르치지만 정작 본인은 실천하지 않는 스승을 보았습니다. 아무리 책을 많이 읽고 줄줄 외워도 가슴으로 받아들여 실천하지 않는다면 그것이 진정한 앎이라 할 수 있을까요? 천 권의 책을 읽고 실천하지 않는 사람보다

한 권의 책을 읽고 실천하는 사람이 저는 진정 더 훌륭하다고 생각합니다.

우리가 책을 읽는 이유가 단지 자신이 많이 안다는 것을 과시하기 위한 것은 아닐 것입니다. 그것을 삶에 적용할 수 있는 사람만이 진정한 앎을 얻었다 할 수 있습니다. 그러니 당신이 수천 권을 읽은 다독가와 자신을 비교하며 주눅이 들 필요는 전혀 없습니다. 당신이 진정으로 인생을 바꾸고 싶다는 간절한 마음이 있다면, 당신에게 맞는 인생 책을 곧 만나게 될 테니까요. 정기적으로 도서관이나 서점에 들러 관심을 끄는 책들을 둘러보고 마음을 움직이는 책을 몇 권 찾아보세요. 그리고 그중 가슴 깊이 울리는 책을 발견하면 한 번 읽고 책장에 꽂아둘 것이 아니라, 완전히 실천할 수 있을 때까지 읽고 자신의 삶에 적용해서 생각하고 또 생각해보세요.

사실 책을 읽는 진정한 목적은 생각을 확장하기 위해서입니다. 단순히 저자의 생각을 읽고 끝내는 것이 아니라, 스스로 그 주제에 대해 자신의 삶에 대입해 생각하면서 통찰이 일어나고 더 깊은 지혜를 깨우기 위함입니다.

지식은 시대에 따라 변하기도 하고 그 가치도 완전히 달라집니다. 그러나 삶의 지혜는 어느 시대를 막론하고 항상 적용될 수 있는 것입니다. 현자들의 지혜는 문자만으로 알아지는 것이 아닙니다. 진정한 앎은 머리에서 가슴으로 내려와야 합니다. 그리고 가슴에서 깊은 울림을 일으킨 지혜는 실천하게 만듭니다. 실천하지 않는 것은 진정한 앎이라 할 수 없습니다. 오직 실천할 수 있는 온전한 깨달음의 지혜를 원하세요.

지식을 이기는 지혜의 힘

이러한 지혜는 세상을 보는 더 넓은 시야를 제공해줍니다. 학교와 부모로부터 교육받았던 좁은 사고의 틀은 우물 안에서 세상을 보게 합니다. 그러나 독서를 통해 그 틀을 깨고 의식이 확장되면 높은 곳에서 세상을 조망하듯 넓은 시야를 가지게 됩니다.

저는 학교 교육시스템 안에서는 우등생이었지만 사회에 나와서는 열등생이었습니다. 세상을 살아가는 지혜 없이 그저 열심히만 살았기 때문입니다. 학교에서는 입시에 필요한 지식만 가르쳐줄 뿐, 정작 세상을 잘 사는 방법은 가르쳐주지 않았습니다.

성공하고 경제적 자유를 얻는 법, 마음을 다루는 법, 자신을 사랑하는 법, 인간관계를 잘하는 법 등 진짜 삶을 살아가는 데 중요한 것은 책 속에 있었습니다. 저처럼 가정과 학교교육만 믿고 살면 인생에서는 낙오자가 되기 쉽습니다. 보통 약사나 의사처럼 전문직이라고 하면, 사람들은 똑똑하고 경제적으로나 다른 면에서나 잘살 것이라 생각합니다. 그러나 단지 연봉의 평균치가 높을 뿐, 전문직일수록 자기 분야 외에는 삶에 대해 더 모릅니다. 한 분야의 지식만 축적할 뿐, 삶 전체를 바라보는 지혜를 가진 사람은 드뭅니다. 과거의 저도 그랬고, 주변에서 만난 의사들도 그런 경우가 많았습니다.

10년 전, 제가 운영하던 약국 옆 건물의 이비인후과 원장님은 서울대를 나온 수재였습니다. 존스홉킨스대학에 유학까지 다녀오신 분이었지만, 진료실에는 빚 5억이라는 글을 붙여놓고 스트레스를 받을 때마다 샌드백을 치곤 했어요. 정말 똑똑했고 전문 지식은 많았지만 지혜는 없었죠. 자신이 원하는 목표를 붙여놓고 상상을 해야 원하는 현실을 끌어당길 수 있는데, 빚에 집중할수록 상황은 악화될 뿐이죠. 매일 빚 5억이라는 문구를 보며 진료를 하니 과연 삶이 어땠을까요? 어떤 기쁨도 의욕도 찾을 수 없었을 것입니다. 결국 그분은 몇 년 후 스트레스와 건강 악화로 운영하던 병원마저 그만두게 되었습니다.

당신이 과거의 저와 이 의사의 사례를 보고 교훈을 얻기를 바랍니다. 많이 배운 전문직을 부러워할 것이 전혀 없습니다. 진정 인생에서 행복하고 성공한 삶을 살기 위해서는 지식보다는 삶의 지혜를 얻는 것이 훨씬 중요합니다. 삶의 지혜가 없다면 지식은 한순간에 무용지물이 될 수도 있습니다. 대학을 안 나왔더라도 삶의 지혜가 있다면 전문직보다 훨씬 더 크게 성공할 수 있습니다. 일본 납세자 순위 1위인 사이토 히토리 씨는 초등학교밖에 나오지 않았지만 사업을 통해 일본 최고의 부자가 되었습니다. 비록 그는 정규 교육은 제대로 받지 못했지만 그가 쓴 책들에는 삶의 지혜가 가득하죠. 그는 성공한 사업가이자 삶의 지혜에 눈뜬 현자입니다.

진정한 삶의 지혜는 스스로 사색하고 의식을 확장함으로써 얻을 수 있습니다. 단순히 책의 문자적 의미를 넘어서 자신의 삶에 적용하고 온전히 가슴으로 받아들일 때, 또는 삶에서 경험을 통해 깨달은 것만이 진정한 앎이 됩니다. 그러니 많은 양의 독서를 하려고 애쓰는 대신 하루 1페이지라도 읽고 거기에서 생각을 확장해보세요. 자신의 삶에 적용하고 통찰을 얻으세요. 매일 그렇게 하면 당신의 의식은 점점 더 확장될 것입니다. 어느새 당신은 우물 안에서 나와 넓은 세상을 보게 될 것이고, 시간이 지날수록 점점 10층, 100층 높이에서 세상을 관찰하며 더 많은 기회를 목격할 것입니다. 그러면 전에는 알아보지 못했던 무수한 기회와 보물들이 세상에 널려 있다는 것을 알게 될 것입니다. 3~5년 후쯤이면 당신은 그 기회를 활용할 만큼 지혜가 쌓일 것입니다. 그리고 어느 순간 작은 성과들이 쌓여 성공이 의외로 너무 쉽다는 것을 깨닫게 될 것입니다.

원하는 목표를 명확히 하라

당신의 인생의 목표는 무엇인가요? 인생에서 이루고 싶은 목표가 있는지 물어보면 생각보다 많은 사람들이 확실한 목표가 없습니다. 목표가 없으면 삶이 지루해지고 무엇인가를 성취할 수가 없죠. 성공한 사람들은 대부분 삶의 목표가 명확했습니다. 그들의 성공 비결 중 첫 번째가 목표를 명확하게 설정한 것이었어요. 인생의 목표가 명확하지 않은 것은 목적지 없이 바다를 표류하는 것과 같습니다.

많은 사람이 삶의 목표 없이 하루하루를 그냥 버티며 살아갑니다. 목표가 있더라도 명확하지 않고 모호한 경우가 대부분이죠. 과거의 저 또한 그런 사람이었어요. 저는 삶의 풍파에 너무 지쳤고, 10억 이상 벌게 되면 약국을 그만두고 편안하게 살고 싶었습니다. 몸과 마음이 소진되는 일을 그만두고 자유를 얻고 싶다고만 생각했을 뿐 구체적인 목표가 없었습니다.

어려서 제가 듣고 배운 말들이 저도 모르게 제 삶을 조종하고 있었습니다.

"넌 못해. 넌 너무 약해. 욕심부리면 안 돼. 네가 누나니까 양보해야지, 그래야 착한 아이지. 우리는 가난하니까 아무것도 살 수 없어. 아껴야 해. 돈 벌기가 얼마나 어려운데."

저는 성공해서 가난한 집안을 일으켜야 한다는 책임감은 있었습니다. 그러나 '욕심부리면 안 돼. 양보해야 해'와 '나는 못해. 돈 벌기는 어려워' 등의 부정적 신념들이 실제 돈 버는 걸 막고 있었던 거죠. 그래서 부자가 되고 싶다는 꿈을 꾸지는 못했던 것입니다. 착한 아이가 되려면 원하는 것을 가지면 안 된다는 부모님의 말씀이 제게 각인되면서, 너무 오랫동안 제 욕구를 억누르며 살아왔죠. 그러니 제가 진정 원하는 것이 무엇인지도 모르고 남들이 좋다는 대로 살고 있었습니다. 제가 가지고 싶고 하고 싶은 것이 무엇인지 모른 채 살았기에 성공하지도, 행복하지도 않았습니다. 그러니 목표를 구체적으로 세우는 것조차 힘이 들었습니다. 그저 막연하게 저를 제약하는 모든 틀에서 벗어나 자유로워지고 싶은 마음뿐이었어요.

그러다가 확실한 목표를 찾게 되니, 모든 것들이 너무나 빠르게 실현되는 기적 같은 경험을 하게 되었죠. 목표가 구체적이고 명확할 때는 그것을 이룬 것을 생각만 해도 가슴 뛰고 행복해졌어요. 그리고 그것을 향해 바로 행동할 수 있었기에 빠르게 도달할 수도 있었습니다.

목적지가 없는 배는 표류한다

성공하고 싶다면 자신이 진정으로 원하는 명확한 목표를 찾는 것부터 시작해야 합니다. 과거의 저처럼 목표가 명확하지 않은 분들은 명상이나 글쓰기를 통해 자신의 내면과 만나는 시간을 자주 가지기를 추천합니다. 정말 자신의 가슴에서 원하는 삶, 영혼 차원에서 하고 싶은 일을 발견하는 것이 가장 빠르게 성공하는 지름길입니다.

명상이 어렵다면 버킷리스트부터 작성해보세요. 자신이 이번 생에 꼭 해보고 싶은 것들 목록을 만들어보면 좋습니다. 그리고 자신의 생애 전체를 돌아보며 기쁘고 행복했던 순간을 떠올려보세요. 자신이 무엇을 할 때, 누구와 있을 때 행복한지 기억해보세요. 또 자신이 어떤 일을 했을 때 사람들에게 기쁨을 주고, 스스로도 기분 좋은 진동 상태가 되는지 생각하고 적어보세요. 내가 진정으로 하고 싶은 일이 무엇인지, 어떤 일을 할 때 기분 좋고 가슴이 뛰는지, 어떤 순간에 행복하고 에너지가 상승하는지 생각해보는 것이 중요합니다. 과거의 저는 그런 가슴 뛰는 일을 하면서 돈을 벌 수 있다는 생각조차 못했습니다. 그저 하기 싫은 일을 참으며 돈을 벌어서, 언젠가 일을 그만둔 후에야 원하는 삶을 살 수 있기를 바라고 있었죠.

하기 싫은 일을 억지로 하면서 낮은 진동의 에너지 상태로 부를 이루고 성공한다는 것은 불가능한 일이었죠. 내가 행복하고 가슴 뛰는 일을 할 때, 나의 진동 에너지가 올라가고 좋은 에너지의 사람들과 부를 끌어당길 수 있습니다. 인간을 포함한 모든 만물은 진동하는 에너지이고, 같은 에너지끼리는 서로 끌어당긴다는 끌어당김의 법칙이 작용하기 때문입니다. 그래서 자신이 좋아하는 일을 하며 열정을 불태우고 행복한 진동 에너지 속에 있을 때만이 쉽게 성공할 수 있는 것이죠.

우리는 누구나 자신만의 재능을 가지고 태어납니다. 자신의 재능을 살려서 세상을 이롭게 하는 목표를 가질 때, 삶의 진정한 주인공이 될 수 있습니다. 나 자신을 행복하게 하고 세상에도 선한 영향력을 미치는 일은 모두에게 이로운 일이고, 신도 바라는 일입니다. 그래서 전 우주가 나의 목표가 실현되도록 돕는 것이죠.

저는 아픈 환자들의 치유를 도우면서 보람을 느끼는 목표를 선택했기에 단기간에 높은 매출을 달성할 수 있었습니다. 그리고 제 환자가 아니라도 정성껏 상담해준 덕분에 영양요법 학회의 학술이사가 될 수 있었죠.

크게 성공한 사람들은 모두 자신이 진정으로 좋아하는 일을 했고, 자신이 진정으로 원하는 목표를 실현해 세상의 많은 사람들을 행복하게 하는 데 기여했습니다. 오프라 윈프리는 사람들과 수다를 떨면서 전 세계의 많은 이들에게 영감을 주었고, 에디슨은 발명을 통해 사람들의 생활을 편리하게 함으로써 이름을 날리고 큰 부자가 되었습니다. 또《네 안의 잠든 거인을 깨워라》의 저자 토니 라빈스는 동기부여를 통해 많은 사람들을 성공시켜서 본인도 부자가 되었죠.

우리는 모두 저마다의 영혼의 목표를 가지고 이 세상에 왔습니다. 모두가 자신만의 잠재된 재능의 씨앗을 키워낼 때, 자신도 성공하고 모두를 이롭게 하는 데 기여합니다. 그리고 많은 사람들이 이런 자신의 영혼의 목표대로 삶을 살아갈 때, 이 세상은 더 풍요롭고 행복해질 것입니다.

구체적인 목표의 힘

목표를 명확하게 하는 것이 성공에 얼마나 중요한지 보여주는 한 연구가 있습니다.

1979~1989년까지 10년간 하버드대 MBA 과정 졸업생을 대상으로 조사를 했습니다. 졸업생 중 3퍼센트는 자신의 구체적인 목표를 적어두었고, 13퍼센트는 목표는 있었지만 직접 기록하지 않았고, 84퍼센트는 생각조차 한 적이 없다고 대답했습니다. 10년 후 졸업생들을 조사한 결과, 목표가 있었던 13퍼센트는 나머지 84퍼센트의 졸업생들보다 평균 2배 더 수입이 높았으며, 목표를 구체적으로 기록한 3퍼센트는 나머지 97퍼센트보다 평균 10배나 수입이 높았다고 합니다.

이처럼 구체적이고 명확한 목표를 적어두면 목표가 없거나 생각만 하는 것보다 이룰 가능성이 높아집니다. 왜 이런 결과가 나타날까요? 최근에 뇌과학 연구가 활발해지면서 이 부분에 대한 과학적 설명이 이어지고 있습니다.

우리 인간의 뇌는 자동차의 길을 안내해주는 네비게이션과 비슷한 시스템을 가지고 있습니다. 뇌과학 연구에 따르면 망상활성계(RAS, Reticular Activating System)가 이 역할을 한다고 합니다. RAS는 뇌의 한 영역으로, 척수를 타고 올라오는 감각 정보를 취사선택해서 대뇌피질로 보내는 신경망을 말합니다. 우리 뇌는 하루에 5만 가지 이상의 생각을 하고 1초에 4억 비트 이상의 정보를 처리한다고 합니다. 이때 RAS 는 우리 뇌가 중요하다고 생각하는 것을 그물망처럼 걸러내서 우선순위를 정합니다. 이렇게 많은 정보를 모두 처리한다면 우리는 피곤해서 살 수 없기에, 뇌가 우리의 관심사에 맞게 정보를 걸러서 제공하는 것이죠. 그래서 우리가 관심을 가지지 않을 때는 전혀 모르고 지나쳤던 것들이 관심을 갖기 시작하면 갑자기 눈에 띄게 됩니다.

목표를 명확히 하는 것은 RAS라는 네비게이션 시스템에 목적지를 정확하게 입력하는 것과 같습니다. 우리가 명확한 목표를 정하고 그 목표가 이루어질 것을 강하게 확신하기만 하면, 이 네비게이션 시스템이 그 목표를 이루는 길로 안내를 시작합니다. 그리고 목표를 향해 가는 경로가 우리 눈앞에 서서히 펼쳐지죠. 목표에 도달할 때까지 안내에 따라 행동으로 옮기기만 하면 되는 거죠. 단지 중간에 목표를 자꾸 바꾸거나 목표를 달성하지 못할 것이라고 포기하지만 않으면 됩니다.

목표는 구체적일수록 좋습니다. 돈 자체를 목표로 하기보다는 그 돈으로 무엇을 하고 싶은지 구체적이어야 합니다. 당신은 100억을 가지겠다는 목표를 설정할 수 있습니다. 그러나 당신이 실제 원한 것은 100억이라는 돈 자체보다는 풍요와 여유를 누릴 수 있는 10억짜리 집과 1억짜리 자동차일 수 있습니다. 그 이상 다른 것이 떠오르지 않는다면 당신이 원하는 것은 11억에 해당하는 가치입니다. 그러면 딱 그만큼 현실화가 될 수 있습니다. 당신이 상상할 수 없는 것은 현실화시킬 수 없습니다. 돈은 그저 에너지를 교환하는 수단일 뿐이지, 돈 자체가 당신의 꿈이나 목표가 될 수는 없습니다.

우주는 금액 자체보다는 당신이 가지고 누리고 이루고 싶은 것에 대해 구체적일 때, 더 빠르게 현실화시켜줍니다. 그러니 당신이 진정으로 가지고 누리고 이루고 싶은 것을 명확하게 상상해보세요. 그리고 그것들을 비전 보드에 사진으로 붙이거나 노트에 적어서 확실하게 해놓으세요. 당신이 상상할 수 있는 것만을 현실화시킬 수 있습니다. 세상의 모든 발명품과 창조물도 처음에는 상상과 계획에서 시작했습니다. 일단 내면에서 먼저 만들어져야 세상에서도 현실화시킬 수 있습니다.

저도 처음에는 구체적인 목표를 세울 수 없었고, 단지 경제적, 정신적, 육체적으로 자유로워지겠다는 추상적 목표를 세웠습니다. 그리고 실제 어떻게 그걸 이룰 수 있을지는 전혀 알지 못했습니다. 단지 내면의 안내에 따라 기회를 만나게 되었고 구체적인 목표는 나중에 생겨났습니다. 그리고 그 목표를 좇아 행동해 나아가다 보니 3년 만에 빚으로부터 자유로워졌고 제가 원하던 정신적, 육체적 자유를 얻을 기회도 만났습니다.

원하는 것을 이루고 싶다면 일단 내면에서 진정으로 원하는 것을 먼저 찾은 후, 거기에 어떻게 도달할지 고민하기보다는 목표에만 초점을 맞춰야 합니다. 그러면 그 목표를 이루는 방법과 과정은 내면의 안내 시스템이 자동으로 안내해줄 것입니다. 그리고 가장 좋은 타이밍에 가장 좋은 여정으로 목표에 도달할 것을 믿으며 미리 감사하면 됩니다.

'이미 이루어진 것처럼': 성공자의 자기 최면법

당신이 이루고 싶은 목표가 생겼을 때, 이미 이루어진 것처럼 행동하는 것은 당신의 주파수를 목표에 빠르게 동조화시키는 방법입니다. 당신이 원하는 목표가 달성되었다면 어떻게 살게 될까요? 이미 그것이 이루어진 미래의 상태에서 생각하고 행동해보세요. 그냥 미래의 삶을 미리 당겨와서 그 결과에 머물며 사는 것입니다. 이것은 아주 강력한 끌어당김 기법입니다. 끌어당김의 법칙은 '비슷한 에너지끼리는 서로 끌어당긴다'는 것입니다. 양자물리학이 증명한 것처럼, 모든 것은 진동하는 에너지이고, 우리는 각자 다른 현실을 경험하는 다른 주파수를 가지고 있습니다. 따라서 자신이 원하는 미래를 끌어당기기 위해서는 그곳에 주파수를 강력하게 맞춰야 합니다. 원하는 미래를 생생하게 상상하며 그 느낌에 머물고, 실제로 그렇게 행동하면 현재와 미래의 주파수가 완전히 일치하게 됩니다. 이렇게 주파수를 일치시키면 아주 강력하게 끌어당기는 힘을 가질 수 있죠. 그러니 현실을 바꾸고 싶다면 원하는 결과에 머물러서 생각하고, 느끼고, 행동해야 합니다. 그래야 다른 미래의 현실을 끌어올 수 있죠. 원하지 않는 상태가 아니라 원하는 미래의 결과에서 생각하고 느끼고 살아야 합니다.

심리학에서는 '착용자 인식'이라고 부르는 현상이 있습니다. 착용자 인식이란 인간은 다른 사람이 입은 옷이나 우리가 입는 옷에 의미와 이야기를 담는다는 것입니다. 만약에 누군가 갑자기 나타나서 의사 가운을 걸친다면, 우리는 그를 잘 모르지만, 성공하고 똑똑한 사람이라고 인식하게 될 것입니다.

제가 동네에서 아이 엄마들과 수다 떨 때는 그저 동네 아줌마처럼 행동하지만, 약국에서 가운을 입고 상담할 때는 목소리 톤이 바뀌고 자세가 달라집니다. 저를 대하는 사람들의 태도도 완전히 달라지죠. 이렇게 우리가 무엇을 입느냐에 따라 사람들이 우리를 인식하는 시선이 달라지고 자신의 행동도 달라지게 되는 겁니다.

밥 프록터는 과거에는 청소부였지만 성공한 CEO이자 동기부여 강연자가 되었고, 결국 크게 성공해서 부자가 되었습니다. 그는 복장을 바꾼 것부터 자신의 성공이 시작되었다고 말합니다. 그는 CEO가 되기 전에도 이미 성공한 경영인처럼 항상 수트를 입고 다녔습니다. 옷을 바꿔 입자 상대방이 자신을 대하는 태도와 평가가 바뀌었고, 스스로도 옷에 맞춰 행동하고 생각하기 시작했던 것입니다.

또 다른 사례로, 잭 캔필드의 《석세스 프린서플》에 나오는 스토리를 소개해보겠습니다.

잭 캔필드가 거래하는 은행 지점에서 일하고 있는 은행원들 중에서, 다른 사람들과는 달리 항상 양복에 넥타이를 매고 있는 남자가 있었습니다. 1년 후 그는 승진해서 대출 업무 담당 대리가 되었고, 그 후 2년이 지나자 대출 담당 과장이 되었습니다. 그리고 나중에는 지점장이 되었죠. 어느 날 잭 캔필드가 그에게 빠르게 승진한 비결을 물어보자, 그는 자기가 지점장이 될 것을 알고 있었다고 합니다. 그래서 지점장들을 지켜보면서 그들처럼 옷을 입고, 그들이 사람들과 관계를 주고받는 방식을 보고 똑같이 행동했다고 합니다. 그는 지점장이 되기 전부터 이미 자기가 지점장인 것처럼 행동했던 것입니다. 지점장이 된 것처럼 행동하는 것이 실제 그에게 지점장이 될 만한 자질을 갖추게 해주었던 것이죠.

유명한 영화감독인 스티븐 스필버그 또한 이미 이루어진 것처럼 행동해서 성공했습니다. 스필버그는 열두 살 때부터 영화감독이 되고 싶었고, 그때부터 자신이 아카데미 시상식에 참석해서 상을 타고 관객들에게 감사의 말을 전하는 광경을 간절히 상상했다고 합니다. 하지만 9년이 지나도록 그는 영화판 근처에도 못 가보았고, 영화계에서 철저히 소외되었습니다. 어느 날, 스필버그는 영화감독처럼 차려입고 유니버셜스튜디오로 갔습니다. 그의 태도가 너무나 당당했기에 경비원들은 감히 제지할 생각도 하지 못했습니다. 스필버그는 빈 사무실을 하나 찾아낸 뒤 '스티븐 스필버그 감독 사무실'이라는 간판을 내걸었습니다. 그러고는 교환실로 가서 전화기와 전화번호까지 받았습니다. 그가 너무도 떳떳하게 행동해 아무도 그를 의심하지 않았던 것이죠. 그렇게 그는 2년 동안 이미 영화감독이 된 것처럼 행동했습니다. 그러던 어느 날, 해변을 산책하다가 우연히 만난 한 남자와 이야기를 나누게 되었고, 스필버그 못지않은 영화광이었던 그에게 자신의 처지와 고민을 털어놓았습니다. 그러자 그 사람이 스필버그의 열정에 반해 영화 제작비용을 대주기로 합니다. 알고 보니 그는 미국에서 손꼽히는 갑부였죠. 스필버그는 그렇게 행운을 잡아 첫 공식 데뷔작 〈엠블린〉을 제작했고, 그 영화는 베니스 국제영화제 수상작이 되었다고 합니다.

스필버그의 영화감독에 대한 간절한 열망이 결국 기회를 끌어당긴 것이죠. 그가 스스로 영화감독이 될 것을 강하게 믿었기에 아무도 그를 의심하지 않을 정도로 당당하게 행동할 수 있었습니다. 그리고 미래의 삶을 앞당겨서 실제처럼 행동함으로써 아주 강력한 끌어당김을 현실화시켰죠.

그러니 당신이 진정 성공하고 싶다면, 이미 자신이 성공한 것처럼 행동하고 그러한 미래 속에 살아보면 어떨까요? 그 미래에 당신은 어떤 옷을 입고 어떤 생각을 하고 어떻게 행동할지 상상해보세요. 그 미래에 당신은 어떤 좋은 사람들을 만나고 어떤 풍요를 누리고 어떤 성공을 이루게 될까요? 또 얼마나 많은 사람들에게 좋은 영향력을 주며 존경과 사랑을 받게 될까요? 진정 그런 상태라면 당신은 어떤 느낌을 받을까요? 당신이 바라던 바로 그 일을 하고 그런 멋진 존재가 되었을 때, 얼마나 가슴 뛰고 행복할까요? 매일 그런 상태로 생생하게 살아간다면 어떤 일이 일어날까요? 진정 그렇게 산다면 당신의 주파수는 성공한 미래에 완벽하게 조율될 것이고, 원하는 미래를 끌어당기는 것은 단지 시간문제일 뿐입니다.

강하게 확신하라

성공한 사람들은 모두 자신의 가능성과 꿈에 대해 강한 확신을 가졌습니다. 당장의 현실에서는 상상할 수 없는 큰 꿈이라 주변 사람들의 조롱과 비웃음을 받았지만, 그에 굴하지 않고 끝까지 자신의 꿈이 이루어질 것이라 믿고 또 믿었죠.

모든 것은 자신이 믿는 대로 됩니다. 자신의 믿음은 은연중에 행동으로 나타나고 또한 그러한 현실을 끌어옵니다. 우리는 자신의 믿음 또한 선택할 수 있는 존재입니다. 우리에게는 무한한 가능성이 존재하고 자신이 어떤 믿음을 선택하느냐에 따라 삶에서의 실제 체험도 달라집니다. 못한다는 부정적인 에너지 상태에 주파수를 맞추면 실제로 못하는 부정적인 현실을 끌어당기고, 할 수 있다는 긍정적인 에너지 상태에 주파수를 맞추면 실제로 하는 긍정적인 현실을 끌어당깁니다.

인간은 자신이 무엇을 믿느냐에 따라 기적도 만들 수 있고 그 반대의 경우도 가능한 존재죠. 자신이 죽을 거라고 믿으면 죽을 수도 있고, 설사 죽을 병에 걸려도 살 것이라고 믿으면 살 수도 있습니다.

리사 랭킨의 《치유 혁명》에 나오는 플라시보 효과 사례에서 이를 잘 볼 수 있습니다. 보통 플라시보 효과는 가짜 약을 환자에게 투여했을 때 비슷한 효과가 나타난다는 임상실험들이 많은데, 여기서는 가짜 수술의 사례를 소개해보겠습니다.

심한 무릎 통증을 겪는 환자들을 수술하는 유명한 정형외과 의사 부루스 모슬리 박사의 연구 사례입니다. 한 환자 집단은 모슬리 박사의 유명한 무릎 수술을 받았습니다. 또 다른 환자 집단은 의도적으로 고안된 가짜 수술을 받았습니다. 환자들에게 진정제를 투여하고 진짜 수술에서처럼 세 부위를 동일하게 절개한 뒤, 미리 녹화된 다른 사람의 수술 장면을 비디오로 보여주었습니다. 모슬리 박사는 세척 과정에서 나는 소리를 흉내 내려고 물을 튀기기까지 했습니다. 그리고 무릎을 봉합했습니다. 예상대로 진짜 수술을 받은 환자의 3분의 1은 무릎 통증이 사라졌습니다. 그런데 모슬리 박사가 정말 놀란 점은 가짜 수술을 받은 환자들 역시 같은 결과를 얻은 것이었어요. 사실 연구의 어느 시점에 가짜 수술을 받은 환자들은 진짜 수술을 받은 환자보다 실제 통증이 가벼웠습니다. 아마도 수술 트라우마를 겪지 않아서일 것입니다.

가짜 수술을 받았지만 증상이 완화되었다고 한 2차대전 참전 용사는 이렇게 말했습니다.

"2년 전에 수술을 받았는데 아직까지 무릎이 아팠던 적이 없습니다. 지금은 다른 쪽 무릎과 똑같아요."

놀랍지 않은가요? 단지 수술하는 척하고 절개 후 아무런 처치도 하지 않고 봉합한 가짜 수술에서도 동일한 효과가 나타났다니. 오히려 가짜 수술을 받은 환자가 통증이 가볍고 더 편안했죠. 유명한 의사에게 수술을 받으면 나을 거라는 환자의 믿음이 실제 치유 효과를 만들어낸 것입니다. 인간의 믿음의 힘은 이렇게 강력한 것입니다. 이런 믿음의 힘은 치유 사례뿐 아니라 모든 분야의 성공에도 작용합니다.

나폴레온 힐의 《생각하라 그리고 부자가 되어라》에 나오는 에드윈 C. 번즈의 사례를 소개하겠습니다. 번즈는 에디슨과 함께 동업을 하고 싶다는 강한 소망을 가졌습니다. 그러나 그는 에디슨을 한 번도 만난 적이 없었을 뿐만 아니라, 에디슨 연구소까지 가는 기차표를 살 돈조차 없을 정도로 가난했습니다. 어렵게 에디슨 연구소를 찾아간 번즈는 첫 만남에서 에디슨과 공동 사업을 하고 싶어 먼 길을 찾아왔다고 말했습니다. 그러나 떠돌이 부랑자의 모습이었던 번즈는 직원으로 고용되었을 뿐이었죠. 수개월이 지나도 번즈가 목표로 한 기회는 좀처럼 다가올 기색이 보이지 않았습니다. 그러나 에디슨과 동업을 하겠다는 그의 굳은 결심에는 변함이 없었죠.

그러다가 드디어 기회가 찾아왔습니다. 에디슨이 신제품인 에디슨 축음기를 완성했는데, 연구소의 영업 사원들은 모두 이 신제품에 그다지 흥미를 갖지 않았습니다. 그러나 번즈는 이것이 기회라 생각하고 그 신제품의 판매를 맡고 싶다는 의사를 밝혔습니다. 그 결과 번즈는 이 축음기를 훌륭하게 팔았고, 미국 전체의 판매권을 획득해 큰 부를 손에 쥐었습니다. 번즈는 결국 본인이 그렇게 강하게 바라던 에디슨과 공동 사업자가 될 수 있었죠.

처음에는 모든 것이 불가능해 보였고, 그 소망을 어떻게 이룰 수 있을지 방법조차 알 수 없었지만, 간절한 소망이 이루어질 거라고 강하게 믿으며 기다린 결과, 엄청난 기회를 잡게 된 것입니다. 그의 확신의 힘이 기회를 끌어당기고 실현할 수 있게 해주었습니다.

저 또한 그랬습니다. 제가 롤모델을 만나고 목표가 생기면서 갑자기 안 하던 행동들을 하니, 약국 직원이나 가족들도 저를 이상하게 바라보았죠. 방에 있는 비전보드와 화장대에 이상한 사진들을 잔뜩 붙여놓고 뭔가에 열심히 빠져 있는 저를, 가족들은 이해하지 못했습니다. 집과 약국을 오가며 아이들만 키우던 제가, 갑자기 어떻게 큰 매출을 달성하고 학회 학술이사가 되겠다는 건지 주변 사람들은 믿지 못했죠. 하지만 저는 제 소망에 대해 강한 확신이 있었습니다. 그리고 몇 달 만에 매출을 10배로 올렸고 약사님들 대상으로 강의를 하며 학술이사 계약까지 하게 되었죠. 가족과 약국 직원 모두가 놀랐습니다. 이렇게 주변의 비난이나 조롱에 굴하지 않고 강한 확신을 유지하는 것은 원하는 것을 끌어당기는 원동력이죠.

확신은 원하는 미래에 강력하게 주파수를 맞추는 마음의 상태입니다. 그 미래가 현재와 격차가 클수록 주변의 저항은 더 강력할 수 있죠. 그러나 그럴수록 더 강하게 확신하는 상태를 유지한다면 원하는 미래는 더 빠르게 실현될 것입니다. 확신의 크기만큼 원하는 미래를 끌어당기는 힘 또한 더 강력해질 것입니다.

당신이 할 수 없다고 믿으면 당신은 할 수 없을 것입니다.
당신이 약하다고 믿으면 당신은 약해질 것입니다.
당신이 아플 것이라고 믿으면 아플 것입니다.

당신이 실패한다고 믿으면 실패할 것입니다.

그러나 당신이 할 수 있다고 믿으면 당신은 해낼 것입니다.

당신이 스스로 강하다고 믿으면 강해질 것입니다.

당신이 건강하다고 믿으면 건강해질 것입니다.

당신이 성공할 것이라고 믿으면 성공하게 될 것입니다.

당신이 이미 모든 것을 가졌다고 믿으면 다 갖게 될 것입니다.

당신이 자신을 미운 오리새끼라고 믿으면

당신은 평생 미운 오리로 살 것입니다.

당신이 자신을 백조라고 믿으면

당신은 백조가 되어 우아하게 날아오를 것입니다.

우주는 당신이 믿는 모든 것을 실현해주는 지니입니다.

당신은 어떤 주문을 넣을지 결정하기만 하면 됩니다.

당신의 믿음이 바로 우주에 내는 주문서입니다.

자, 이제 제대로 된 주문서를 내세요.

진정 당신이 원하는 것만을 믿으세요.

결국 당신이 진정으로 믿는 것이 현실에 나타날 것입니다.

당신의 꿈이 이루어진 것만을 믿으세요.

당신이 원하는 무엇이든 가진 것을 믿으세요.

당신이 무엇이든 할 수 있다는 가능성만을 믿으세요.

당신의 성공만을 믿으세요.

당신의 부와 풍요만을 믿으세요.

당신의 위대함만을 믿으세요.

자, 이제 당신이 믿고 주문한 그대로 다 받게 될 것입니다.

욕망을 연료로 활용하라

몇 년 전까지만 해도 저는 욕망이 나쁜 것이라고 생각하며 살았습니다.

"욕심 부리면 안 돼. 아끼고 절약해야 해. 사람은 분수에 맞게 살아야 해. 부자는 탐욕스러워. 있는 놈들이 더 해. 그래서 우리 같은 서민들이 살기 힘들어."

어려서 들었던 이런 말들이 무의식에 각인되어, 저도 모르게 부자에 대한 안 좋은 인식을 갖게 되었어요. 제 무의식에는 부자가 되는 것에 대한 저항이 있었고, 나는 많이 가지면 착한 사람이 못 된다는 관념이 숨어 있었죠. 욕망은 나쁜 것이니, 좋은 사람이 되기 위해서 저는 모든 욕망을 억누르며 살아왔던 것이었어요. 그러니 제 삶에는 항상 활력이 부족했습니다. 그러다가 욕망을 완전히 끝까지 내려놓고 나서야 생각의 전환이 왔습니다.

에고는 죽여야 할 대상이 아니다

한동안 저는 상담을 줄이고 의식상승과 깨달음을 위한 수행에 열중했습니다. 인생을 살아가는 데 돈보다는 의식을 성장시키고 지혜를 얻는 것이 더 중요하다고 생각했기 때문입니다. 그리고 중증 환자들을 많이 상담하면서 에너지가 심하게 고갈되어, 이 문제로부터 자유로워지고 싶기도 했어요. 중증 환자나 암 환자들의 부정적이고 낮은 에너지장에 영향을 받아서 자꾸만 제 에너지가 바닥으로 끌려 내려갔기 때문이죠. 내면의 부정적 의식 패턴들을 모두 정화하고 나를 텅 비워서, 누구에게도 영향을 받지 않는 깨달은 성인의 상태에 도달하고 싶다는 열망이 컸습니다.

그래서 저는 국내와 인도의 영성 단체들에서 다양한 수행을 했습니다. 어떨 때는 지리산 계곡에 하루 종일 앉아서 참선을 하기도 했고, 소주천, 대주천을 돌리고 단전에 단을 만드는 등 다양한 수행을 해보았죠. 수행단체에서 만난 사람 중에는 깨달음을 찾아 20~30년을 헤매는 경우도 많았습니다. 저는 그들처럼 오래 헤매고 싶지 않았고, 모든 것을 내려놓은 초탈의 경지에 빠르게 도달하고 싶었어요.

그래서 간절한 마음으로 매일 일기장에 "에고를 죽이고 모든 욕망을 내려놓겠다"고 썼습니다. 그런데 점점 몸에 기운이 빠지기 시작했어요. 몸에 힘이 빠지는 것뿐만 아니라 의욕도 함께 사라지기 시작했습니다. 6개월 정도 지나니, 너무 무기력해서 명상 수행 외에는 아무 일도 할 수가 없는 상태에 이르렀죠. 너무 힘이 없고 아무것도 하고 싶지 않아서, 일주일 이상 씻지도 않고 한 달 내내 같은 옷을 입고 있을 정도였어요. 식욕도 없어서 하루 한 끼 간신히 먹었고, 나중에는 명상하기 위해 앉아 있을 기운조차 없어서 침대에서 일어나지도 못할 정도로 기력이 쇠해졌습니다.

그러니 더 이상 명상이나 다른 수행도 할 수 없었고, 모든 게 허무하고 깊은 우울감에 빠져들었습니다. 아무것도 하고 싶지 않으니 살고 싶은 의지나 의욕도 없어졌어요. 그냥 이번 생을 마감하고 빨리 고향별로 돌아가고 싶다는 생각이 들면서, 침대에 누워서 몇 날 며칠을 하염없이 눈물을 흘렸습니다.

그러다가 정신을 번쩍 차렸습니다. 제가 일기에 매일 쓴 것이 정말 현실로 강하게 실현되고 있었다는 것을 알아차렸어요. 에고를 죽이고 모든 욕망을 내려놓으니, 제가 정말 죽어가고 있었습니다. 에고를 죽이고 아무런 욕망이 없는 상태에서는 이 물질 세상에서 아무것도 할 수 없고 이룰 수 없다는 것을 알게 되었어요. 그리고 에고와 욕망이 나쁜 것이 아님을 깨달았죠. 에고는 죽여 없애야 할 대상이 아니라, 성장시켜서 함께 초월해가야 하는 소중한 존재였습니다. '나'라는 정체성인 에고 없이는 이 세상을 살아갈 수 없는 것이죠. 우리는 '나'라는 존재를 통해 세상을 경험하기 위해 여기 온 신의 일부분입니다. 인생이란 이 왜소한 '나'를 성장시켜서 위대한 '나'를 실현하는 일종의 게임이라고 할 수 있습니다. 인간은 무언가에 대한 욕망이 있어야만 살아갈 수 있습니다. 욕망이 없으면 무슨 일도 할 수 없고 이룰 수도 없습니다.

또 한 번 죽음 직전까지 다녀오면서, 인간은 내면의 욕망을 이용해서 세상에서 무언가를 경험하고 이루기 위해 여기에 왔다는 자각이 일어났습니다. 욕망이 결코 나쁜 것이 아니라, 그것을 최대한 잘 활용해 자신이 원하는 무엇이든 창조해내는 동력으로 사용해야 하는 것이죠. 욕망이 큰 사람이 큰일을 이룹니다. 욕심이 많은 사람은 가지고 싶고 되고 싶은 그 욕망을 이루기 위해서 더 열심히 살고, 더 부지런히 활동하게 됩니다. 그것이 삶의 동기가 되고 삶의 활력이 되는 것이죠.

욕망이 없는 사람은 죽은 사람과 같습니다. 어떤 것도 하고 싶지 않고 이루고 싶지 않으면 기운이 빠지고 생명력이 사라지게 됩니다. 그래서 아픈 환자들은 삶의 의욕이 없기에 무기력해지고 생명력이 축소됩니다. 그런 상태에서는 생명 에너지가 고갈되기에 낮은 진동의 상태로 질병에 걸리게 되죠. 시한부 암 환자들조차도 삶의 목표와 의지가 뚜렷한 경우는 기적적으로 살아납니다. 삶에서 무언가 이루려는 욕망이 강한 생명 에너지를 부여하는 것입니다.

저는 그때 아무런 병이 없는 상태였음에도, 에고를 죽이겠다는 의도를 매일 일기에 적는 것만으로도 죽기 직전까지 생명 에너지가 고갈되는 경험을 했습니다. 인간은 생각만으로도 몸의 상태가 달라질 수 있다는 것을 스스로 증명했죠. 너무 단순 무식한 실험이었지만 교훈은 확실히 얻게 되었죠. 그리고 신이 우리에게 부여한 생명 에너지를 활용해 멋진 삶을 창조하고 살아내는 것이야말로 진정한 신비 체험이라는 것을 깨달았습니다.

그러므로 욕망은 내려놓아야 할 것이 아니라, 적극적으로 활용해야 하는 것입니다. 긍정적이고 에너지 넘치는 사람들은 자신의 욕망을 적극적으로 추구하고 그것을 이룰 수 있다는 희망과 의지를 가진 사람들입니다. 욕망은 엄청난 생명력을 샘솟게 합니다.

그러니 성공하고 부자가 되고 싶다면 자신의 욕망을 억누르지 마세요. 욕망의 노예가 되어 끌려다니라는 뜻이 아닙니다. 진정으로 욕망의 주인이 되어 자신의 삶을 창조하라는 것이지요. 욕망이 우리 자신의 일부이고 생명 에너지라는 것을 인정하고 그것을 활용하면, 하고 싶은 모든 일을 이루는 큰 원동력이 될 수 있습니다.

욕망의 크기가 성공의 크기를 결정한다

욕망이 큰 사람은 그만큼 더 큰일을 하게 됩니다. 욕망의 크기만큼 더 거대한 미래를 상상하기 때문입니다. 그리고 그 상상을 이루고 싶고 이룰 수 있다고 믿기에 더 열심히 자신의 꿈에 몰입합니다. 사람들은 자신의 욕망의 크기만큼 꿈을 꾸고, 딱 그만큼만 이루게 되어 있습니다. 하늘을 날고 싶다는 인간의 욕망이 비행기를 만들어낸 것처럼, 욕망은 인류 발전과 성장의 동력이 되었습니다.

그러니 더 큰 욕망을 가지기를 선택하세요. 자신은 원래 욕망이 작은 사람이라고 생각할 수도 있습니다. 저도 예전에는 제가 그런 사람인 줄 알았습니다. 우리 대부분은 어렸을 때 그렇게 교육받았기에 그렇게 믿고 있는 경우가 많죠. 저는 스스로 돈 욕심이 없다고 생각했습니다. 돈은 먹고살 만큼만 있으면 된다고 생각했죠.

그러나 가슴 깊이 한번 느껴보세요. 머리로 생각해서 답을 찾지 말고 가슴에 귀 기울여 물어보세요. 자신은 욕심이 없고 소박한 삶을 원한다는 그 생각이 진실인가요? 정말 이대로 살아도 괜찮은가요? 그 정도의 편안한 테두리 안에 갇혀 살다가 이번 생을 끝내도 괜찮은가요? 당신 생의 마지막에 진정 후회하지 않을 자신이 있나요? 더 많은 것을 경험하고 더 많은 것을 누리고 싶지 않은가요? 그저 먹고살 만한 정도만으로는 부족합니다. 우리는 매일 다람쥐 쳇바퀴 도는 듯 노예처럼 살기 위해 이 세상에 태어난 게 아니죠. 자신이 배우고 경험해보고 싶은 것을 모두 해보고 누리고 가야 합니다.

거기에 더하여 사회에 봉사하고 다른 사람들에게 나눌 수 있는 여유가 있다면 더 좋지 않을까요? 부자들이 탐욕스럽다고 욕하지만, 실제 부자 중에는 소득의 일정 부분을 기부하는 사람이 많습니다. 탐욕스럽지 않은 사람이 되기 위해 평범한 삶을 선택한 사람보다 부자들이 세상에 더 많이 기여하고 있는 것이 사실입니다.

또한 그들은 대부분 세상에 더 많이 기여했기에 부자가 된 것입니다. 실제 큰 부자의 75퍼센트가 자수성가한 부자라고 합니다. 부모 잘 만나서 부자가 된 경우보다 스스로의 능력으로 부자가 된 경우가 훨씬 많습니다. 이렇게 자수성가한 사람들은 세상에 무언가 필요한 물건을 만들어 판매했거나 서비스를 제공했기에 부자가 될 수 있었죠. 그들이 제공하는 상품이나 서비스가 만족스럽지 않았다면 그들은 부를 유지할 수 없었을 것입니다. 다시 말하면, 많은 사람들에게 편리함과 기쁨을 주는 일을 했기에 성공을 거머쥐어 부자가 될 수 있었습니다.

그러니 당신의 욕망을 억누르지는 마세요. 당신도 부유해지기를 원하세요. 그리고 세상도 풍요로워지기를 바라세요. 자신의 욕망을 활용하여 진정으로 선한 부자가 되기를 바라면 어떨까요? 자신의 가족뿐 아니라, 많은 사람들을 위해 일하고 소외된 계층들을 위해 기부하는 멋진 부자가 되는 삶은 어떨까요? 당신의 욕망을 불태워 세상 사람들에게 기쁨을 주는 삶을 살게 된다면 어떨까요? 당신과 세상 모두 풍요로워지기를 욕망하면 어떤 일이 일어날까요? 만약 그런 상태라면 당신의 삶이 얼마나 생명력 넘치고 행복해질지 상상해보세요.

우리는 모두 자신만의 재능을 가지고 여기에 왔습니다. 그것을 세상을 위해 사용하고 풍요를 누리기를 허용하세요. 자신의 재능과 잠재력을 세상을 위해 발휘한 사람들이 부와 풍요를 누리는 것은 우주의 당연한 이치입니다. 성공하고 부자가 된 많은 사람들은 자신이 진정으로 좋아하는 일을 해서 세상을 이롭게 하였습니다. 부와 성공은 사람들을 행복하게 해줄 때 자연히 따라오는 결과일 뿐입니다. 부와 부자는 악의 근원이 아닙니다. 자신에게도 부와 풍요를 누릴 기회를 허용하세요. 그리고 세상에 당신의 재능을 발휘해 더 많이 기여하고 그 결과로 찾아오는 풍요를 누리세요. 당신은 풍요를 누릴 자격이 충분합니다.

자신의 욕망의 불씨를 다시 살리세요. 욕망을 불태워서 세상에 자신의 재능을 꺼내놓으세요. 그러면 더 많은 사람들이 행복해지고 풍요로워질 것입니다. 진정한 자신의 욕망을 찾아 가슴 뛰는 꿈을 실현하세요. 그렇게 행복한 삶을 사는 사람이 많을수록 세상은 더 생명력 넘치고 풍요로워질 것입니다. 모든 사람들이 높은 주파수로 진동하고 사회 전체, 지구 전체가 행복한 에너지장으로 진동하며 갈등이 줄어들고, 평화롭고, 기쁨이 가득한 세상이 될 것입니다.

저도 욕망을 연료로 삼아 세상에 더 많이 기여하고 가기를 선택했습니다. 그 욕망을 활용해 능력을 펼침으로써 큰 부와 풍요를 누리는 것은 자연스러운 것입니다. 그리고 그 부를 활용해 영혼을 치유하는 힐링센터와 교육기관을 만들어 세상을 더 이롭게 하기로 결심했습니다. 단순히 돈만을 목표로 추구하니 삶이 허무해져서, 저는 한동안 방황의 시간을 보냈고, 몇 년간 제 내면을 깊이 탐험하는 시간을 가졌습니다. 그리고 내린 결론은 현실에 만족하며 편안함에 안주하기보다는 욕망을 활용해서 더 많이 성장하고 세상에 더 많이 기여하는 존재가 되기를 선택했습니다.

더 많은 사람이 욕망을 활용하여 자신의 재능을 꽃피우고 선한 부자가 되기를 바랍니다. 그래서 더 풍요롭고 살기 좋은 세상을 만들고 우리 아이들에게 멋진 세상을 물려줄 수 있기를 저는 욕망합니다. 다음 세대가 더 자유롭고 행복한 세상을 살아갈 수 있기를 꿈꿉니다. 더 많은 사람들이 깨어나 지구의 의식이 더 크게 상승하기를 꿈꿉니다. 모두가 높은 차원의 사랑과 풍요의 에너지장 속에 함께하는 세상을 저는 꿈꾸고 욕망합니다. 당신도 이 아름다운 욕망에 동참하기를 저는 소망합니다.

베풂으로 풍요의 에너지를 허용하라

우주의 법칙은 모든 것은 에너지이고 순환한다는 것입니다. 그 에너지의 흐름이 막히면 진동이 떨어지고 에너지의 흐름이 원활한 곳은 진동이 올라갑니다. 그래서 에너지의 흐름이 좋은 곳은 더 많은 에너지가 모이게 됩니다. 진동이 높을수록 더 많은 에너지를 끌어당기고 풍요로워지죠. 계곡이나 시냇물의 흐름을 조금만 관찰해봐도 우주의 이치를 알 수 있습니다. 돌이나 흙이 쌓여서 정체된 곳은 물이 흐르지 못하기에 주변으로 새로운 물의 흐름이 만들어집니다. 물의 흐름이 좋은 곳은 더 많은 물이 한곳으로 모여들어 세차게 흘러갑니다.

돈도 에너지이기에 마찬가지로 흐름이 중요합니다. 돈의 흐름이 정체된 곳은 더 이상 돈이 유입되지 않고, 돈이 더 잘 흐를 수 있는 다른 곳으로 옮겨가게 마련입니다. 혼자만 다

가지고 쌓아두려고 탐욕을 부리면, 에너지는 정체되고 머지 않아 돈은 더 잘 흐를 수 있는 다른 곳을 찾아 흘러갑니다. 그러면 돈줄이 점점 마릅니다. 쌓아두는 것이 아니라 계속해서 돈을 흘려보낼 때 더 많은 돈이 모여들게 됩니다.

우주에는 무한한 풍요가 있고 자신이 무한한 풍요를 가졌다는 것을 아는 사람은 무한히 베풀 수 있습니다. 자신이 내보내는 만큼 다시 채워지고 또 흐를 것을 알기에 걱정할 것이 없지요. 그런 사람에게는 돈의 흐름이 좋기에 베푼 것보다 더 많이 돌아옵니다. 그래서 점점 더 많은 부가 모여들죠.

그러나 자신이 가진 것이 언제 사라질지 몰라 걱정하고 두려워하는 사람은 자꾸 아끼고 쌓아두려고만 합니다. 그런 사람은 우주에는 우리 모두가 누릴 무한대의 풍요가 있다는 것을 믿지 않습니다. 그리고 스스로 그것을 받을 자격이 있다는 것도 믿지 않죠. 그러면 스스로의 진동을 떨어트려서 더 많은 풍요가 자신에게 오는 흐름을 막게 됩니다.

먼저 베풀수록 더 많이 받는다

지인에게 들은 재미있는 이야기를 소개하겠습니다. 이것은 어떤 식당에서 실제로 일어난 일입니다. 장사가 잘되지 않았던 한 식당의 주방장이 주인과 싸우고 불만을 잔뜩 품게 되었다고 합니다. 그 주방장은 월급을 올려주지 않는 주인에게 화가 나서 일부러 망하라고 제육볶음에 고기를 2배 이상 듬뿍 넣어주었다고 합니다. 그런데 얼마 지나지 않아 놀라운 반전이 일어났습니다. 식당이 망하기는커녕 줄을 서서 기다리는 사람들로 문전성시를 이루게 된 것입니다. 그 식당의 제육볶음이 푸짐하고 맛있다는 입소문이 나면서 순식간에 맛집으로 유명해진 것이죠. 그러자 대박이 난 식당 주인은 아주 기뻐하며 주방장에게 칭찬을 아끼지 않았고 월급도 2배 이상 올려주었답니다. 처음 의도는 그게 아니었지만, 어떻든 먼저 사람들에게 베풀어서 기쁨을 주었기에 결국은 그 이상의 보상을 받은 것이죠.

처음에 식당이 안 된다며 재료와 인건비를 아끼려고 할수록 돈의 흐름은 더 막혔던 것입니다. 그러나 타인에게 먼저 베풀고 감동을 주니 결국은 더 큰 돈이 흘러들어온 것이죠. 이것이 바로 '먼저 베풀수록 더 많이 받는다'는 우주의 이치를 잘 보여주는 사례입니다.

저도 과거에 빚에 집중하고 돈을 한 푼이라도 아끼고 모으는 데 집중할 때는 돈이 다 새어나가버렸습니다. 투자하는 것마다 실패하고 사기를 당하고, 부모님 병원비, 동생들 사고

친 걸 해결해주느라 다 사라졌죠. 이건 자발적 베풂이라기보다는, 제가 가난한 마음으로 움켜쥐려 할수록 낮은 빈곤의 진동 상태에 머물렀기에 그런 상황을 끌어당겼던 것입니다.

저는 가난에 대한 두려움이 너무 컸기에 가난을 벗어나려면 더 아끼고 더 모아야 한다는 잘못된 믿음을 가지고 있었습니다. 그래서 살림살이도 결혼할 때 장만한 가구와 가전을 20년간 그대로 사용할 정도로 인색했었죠.

그러나 죽을 고비를 넘기고, 집 안의 가전제품이 다 고장 나서 강제적으로 바꾸고, 새집으로 이사까지 하니 신기하게도 모든 상황이 좋아지기 시작했습니다. 저의 에너지 흐름을 막고 있던 낡은 에너지를 다 정리하고 세상에 돈을 흘려보내면서, 저에게도 새로운 풍요의 에너지가 유입되기 시작한 것입니다.

그리고 1년 동안 의식 코칭, 명상과 수련 프로그램 등에도 수천만 원의 돈을 썼습니다. 처음에는 빚도 많은데 이런 지출을 한다는 게 아깝게 느껴졌죠. 그러나 과거와 같은 무지한 상태로는 어차피 돈을 모아도 날리는 것은 한순간이니, 차라리 자신을 계발하고 성장시키는 데 투자하자는 생각이 들었습니다. 그렇게 마음먹자, 단시간에 아주 빠르게 돈의 흐름이 바뀌었고 에너지의 흐름 또한 좋아져서 여러 행운과 기회를 만나게 되었죠.

제가 블로그를 처음 시작했을 때도 처음에는 돈이 되지 않았지만 사람들에게 정보를 제공하고 무료로 상담을 해주었습니다. 다른 약국에서 제품을 구입한 사람의 명현 반응에 대해서도 정성껏 상담하고 대처해주었습니다. 그러면서 제 경험치도 더 확장되었습니다. 당장은 돈이 안 되는 일에 에너지를 많이 투입하는 것처럼 보였지만, 결국은 저와 다른 사람 모두에게 도움이 된 것입니다. 그들은 정보를 얻고 문제를 해결해서 좋았고, 저는 문제를 해결하는 과정에서 경험치를 쌓았습니다.

그리고 제 고객 중 경제적으로 어려우신 몇 분에게는 무료로 영양요법을 해드리고 소액이지만 몇 개 단체에 기부를 한 것도 저의 에너지 흐름을 좋게 해주었습니다.

상담을 하다 보면 때로는 한두 시간 이상 많은 에너지를 쏟고 무료상담을 해주는 경우도 종종 있었습니다. 제품은 집 근처에서 구입하고 상담만 블로그를 통해 저에게 하시는 분들도 계셨죠. 저도 인간이니 당장은 불편한 마음이 들었지만, 곧 생각을 전환했습니다. 제가 누군가에게 도움을 주고 좋은 에너지를 전달한 만큼 우주 통장에 복을 쌓고 있는 것이라 생각했죠. 당장은 아니라도 나중에 다른 사람과 기회를 통해 저에게 다시 돌아올 것을 믿었습니다. 그리고 실제로 제 믿음대로 저는 항상 보상을 받고 있습니다. 저는 정말 여러 차원에서

운이 좋아졌습니다. 제가 원하는 기회와 저를 도와줄 사람들이 기적처럼 딱 맞는 때와 장소에 나타났지요. 그래서 저는 혼자가 아니라 항상 우주의 보호를 받고 있다고 느낍니다.

과거의 저는 항상 운이 없었습니다. 마치 불운을 몰고 다니는 사람 같았죠. 그만큼 제 내면이 궁핍함으로 가득했던 것이었어요. 그러나 지금은 마음이 여유롭고 풍요로워졌습니다. 제가 세상에 베푼 것보다 더 많이 받고 있다고 느끼며 감사하고 있습니다.

풍요를 위한 가장 위대한 법칙

베풂은 우리의 에너지 진동을 올리는 최고의 방법입니다. 진정 자신이 풍요롭고 부유하다는 믿음이 있어야만 베풀 수 있기 때문이죠. 그래서 베풂은 부와 풍요의 진동 그 자체입니다. 생각에만 그치지 않고 직접 실천하면 자기 자신이 풍요의 진동 그 자체가 되는 것입니다.

반대로 돈을 아끼고 쌓아두기만 하려는 사람은 무한한 풍요가 세상에 널려 있음을 믿지 않습니다. 자신이 가진 돈이 없어질지 모른다는 두려움 때문에 자꾸 움켜쥐려고 하는 것입니다. 자신이 무한한 풍요를 누릴 수 있다는 것을 믿지 않기 때문이죠. 이것은 마음이 가난한 상태입니다. 이런 상태에서는 빈곤의 진동을 만들어내기에 세상의 모든 풍요와 기회가 다른 곳을 향합니다.

당신의 주파수는 어디에 초점이 맞추어져 있나요? 만약 빈곤의 주파수에 맞추어져 있다면, 돈에 대한 내면의 두려움을 들여다보시길 바랍니다. 그것은 그저 어린 시절 부모와 사회로부터 주입된 환상일 뿐입니다. 당신이 그 두려움을 놓아버리기만 한다면, 당신은 아무리 써도 마르지 않는 무한한 풍요를 허용하게 됩니다. 당신이 인색하게 굴면 세상도 당신에게 인색하게 굴 것입니다. 당신이 먼저 베푼다면 세상도 당신에게 베풀 것입니다. 결국 당신이 주는 만큼 받을 것입니다. 아니 그보다 더 돌려받을 것입니다. 에너지의 흐름이 좋은 곳은 갈수록 더 큰 에너지를 끌어당기기 때문입니다.

당신이 현재 가진 돈이 전혀 없다고 해도 베풀지 못하는 것은 아닙니다. 돈은 그저 에너지의 교환수단일 뿐이죠. 당신은 알고 보면 가진 것이 아주 많습니다. 당신은 돈이 아니어도 많은 자원을 가지고 있습니다. 사람들에게 건네는 따뜻한 격려와 친절한 말 한마디, 기분 좋은 미소를 지어주는 것만으로도 당신은 사람들에게 좋은 에너지를 베푸는 것입니다.

그리고 더 좋은 것은 자신의 재능과 경험을 세상에 나누는 것입니다. 그래서 물건을 만들어서 공급하는 것뿐 아니라, 인스타, 블로그, 유튜브를 통해 정보를 전달하는 것도 아주 훌륭한 베풂의 형태입니다. 더 많은 사람에게 정보를 주거나 영감을 불러일으키고 감동을 줄수록 당신은 더 큰 에너지를 베풀고 있는 것입니다. 어떤 형태든 먼저 세상에 당신의 에너지를 나눠줄 수 있습니다.

당신의 재능과 경험을 나눔으로써 무한한 풍요를 끌어당기는 자석이 되는 건 어떨까요? 당신이 모든 걸 움켜쥐려할 때보다 흘려보낼 때 당신은 더 많이 받게 될 테니까요. 우주는 항상 당신이 내보내는 에너지 이상으로 다시 되돌려줍니다. 당신이 베풀수록 당신은 더 가진 자, 풍요로운 자로서의 진동을 방사하는 것입니다. 먼저 줌으로써 당신의 주파수를 풍요의 진동에 맞춰보세요. 자신이 가진 게 많은 사람이라는 것을 믿으세요. 당신이 세상에 나누기를 원하면 우주는 더 많은 것을 당신에게 채워줄 것입니다. 무한히 베풀 수 있는 사람은 무한한 풍요를 누리게 됩니다. 먼저 베풂으로써 더 큰 풍요가 자신에게 흘러들어오는 것을 허용하세요. 이것이 풍요를 위한 가장 위대한 법칙입니다.

5장

운명을 만들어가라
당신도 전부 가질 수 있다

당신이 이미 가진 것에 감사하면 할수록 뇌의 정보처리 필터도 그렇게 작동합니다. 프레임을 바꾸세요. 그동안 보지 못했던 아름다움과 풍요에 눈을 뜨세요. 그리고 그것을 이미 가진 것처럼, 만족감과 행복감을 생생하게 느끼세요. 우리 뇌는 상상과 실제를 구분하지 못합니다. 당신이 원하는 것에 집중할 때, 뇌의 정보처리 시스템은 가능성의 기회들을 찾아서 보여주기 시작할 것입니다. 이것이 바로 우리가 가진 놀라운 현실 창조 능력입니다.

우리는 각자 자신만의 현실을 창조하고 있다

당신이 지금 보고 있는 세상은 실제가 아닙니다. 우리는 있는 그대로 전체를 볼 수 없습니다. 우리는 그저 빛이 물체에 부딪혀 반사되는 것을 시각적 정보로 받아들이고 있을 뿐입니다. 그것도 각 사람마다 다른 방식으로 다르게 받아들이게 됩니다. 동물마다 시각 정보 처리체계가 다르기에 각각 다른 형태와 색으로 인식하듯이, 우리 인간도 마찬가지입니다. 각 개인의 정보처리 체계에 따라 같은 사물을 보더라도 다르게 보게 됩니다.

그러한 예로 다양한 착시현상이 있습니다. 굉장히 유명한 그림이죠. 다음 그림에서 당신은 무엇이 보이나요? 마귀할멈이 보이나요? 아니면 귀부인이 보이나요? 같은 그림을 보더라도 이렇게 각자 다른 것을 봅니다.

　한때 큰 화제를 불러일으켰던 원피스 색 논란 사건을 기억하시나요? 2015년 2월 26일 스코틀랜드 가수인 케이틀린 맥닐이 원피스 사진을 올리면서 인터넷상에서 논쟁이 시작되었습니다. 아마 당신도 그 옷을 본 적이 있을 겁니다. 당신은 그 원피스가 흰색-금색으로 보였나요? 파란색-검은색으로 보였나요? 하나의 사진을 두고 사람마다 색을 인식하는 데 극명한 차이가 있다는 사실이 화제가 되었죠. 눈의 색각을 담당하는 원추세포는 적, 녹, 청에 반응하며, 빛의 파장에 따라 어느 시세포가 활성화되느냐에 따라 색상을 다르게 볼 수 있다고 합니다. 그래서 지각심리학에서는 인간이 지각하는 주관

적 세계와 인간 외부에 존재하는 논리적 세계 사이에 괴리가
존재함을 학문의 대전제로 하고 있습니다.

뇌의 정보 처리 방식

다음의 그림은 우리 뇌의 정보처리 방식을 잘 보여줍니다. 제
가 NLP를 공부하면서 가장 인상적이었던 부분이었죠. 우리
는 사물을 볼 때 초당 200만 비트의 시각 정보를 받아들입니
다. 그러나 우리 대뇌는 초당 134비트의 정보만을 처리할 수
있습니다. 이 그림은 시각 정보에 국한된 것이지만, 이러한 정
보처리방식은 오감의 정보 모두에 해당됩니다.

결국 우리 뇌는 실제 일어나는 현상을 모두 인식할 수 없
습니다. 그중 100만분의 1에도 미치지 못하는 양의 정보만을
처리할 수 있기 때문입니다. 이 과정에서 실제 정보는 대부분
삭제되고 왜곡되어 일반화가 일어납니다. 그래서 우리 뇌가
인식하는 정보란 실제와는 큰 차이가 있지요. 그리고 뇌의 이
정보처리 체계는 사람들 각 개인의 경험과 신념 등 무의식에
저장된 프로그램에 영향을 받습니다. 그래서 우리는 같은 현
상을 보더라도 모두 다르게 인식할 뿐 아니라, 다른 생각과 다
른 감정들을 경험합니다.

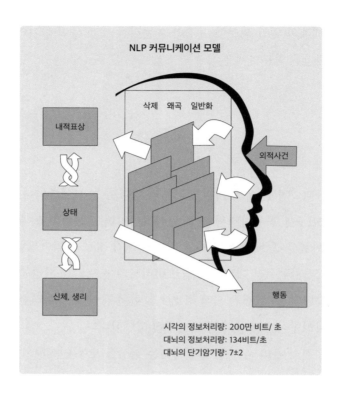

NLP 커뮤니케이션 모델

삭제 왜곡 일반화

내적표상

외적사건

상태

신체, 생리

행동

시각의 정보처리량: 200만 비트/ 초
대뇌의 정보처리량: 134비트/초
대뇌의 단기암기량: 7±2

　　누군가는 바다를 보고 어렸을 때의 아름다운 추억을 떠올리며 가슴이 뻥 뚫리고 상쾌해지며 행복감을 느낄 수 있습니다. 그러나 다른 누군가는 바다를 보자마자 공포에 떨며 호흡곤란이 일어날 수 있습니다. 어린 시절 바다에 빠져 죽을 뻔했던 트라우마가 있었기 때문입니다. 이렇게 우리는 어려서 받은 교육이나 경험에 의해 형성된 각자 다른 뇌의 정보처리 시스템을 가지고 있습니다. 그래서 모두가 같은 사건에서 다른 정보를 받아들이고 다른 생각과 다른 느낌을 경험하게 되는 것입니다. 과거에 겪은 트라우마로 인해 밧줄을 뱀으로 착각하거나 솥뚜껑을 자라로 착각해서 놀라기도 합니다.

100만분의 1에도 미치지 못하는 우리의 인식 체계는 현실을 왜곡시킵니다. 모두 자기가 가진 정보처리 체계에 따라 인식되는 협소한 정보만을 취하기 때문에, 우리는 자신의 관점으로만 세상을 경험하죠. 그래서 우리가 경험하는 현실을 바꾸고 싶다면 무의식의 정보처리 체계를 바꾸는 것이 유일한 방법입니다. 모든 정보를 취하는 것이 불가능하다면 우리는 어떤 정보를 취할 것인지 선택해야 합니다. 어차피 뇌의 정보처리 시스템이 대부분의 정보를 삭제하고 왜곡해서 보여준다면, 결핍되고 부정적인 현실 대신 풍요롭고 행복한 현실을 찾아서 보여주도록 바꿀 수도 있습니다. 그러면 당신은 그런 현실만을 인식하게 되고 실제 현실도 그런 상황을 경험하게 될 것입니다.

우리 뇌의 정보처리 시스템을 바꾸려면 잠재의식에 원하는 정보를 새로 입력해야 합니다. 우리 뇌는 새로운 경험을 해야만 신경 가소성에 의해 새로운 신경망이 깔리기 때문입니다. 결국 우리의 정보처리 능력은 우리가 매일 보고 듣는 정보의 양과 질에 의해 좌우됩니다. 매일 경험하는 것이 부정적인 생각과 말, 뉴스들뿐이라면 긍정적인 정보를 인식하기는 어렵겠죠. 진정으로 자신의 뇌의 정보처리 방식을 바꿔 새로운 현실을 경험하고 싶다면, 의도적으로 자신이 원하는 정보만을 주입해 잠재의식을 새로 세팅해야 합니다.

우리가 긍정적인 현실을 끌어당기기 위해서 감사일기를 쓰고, 이미 가진 것에 집중하는 이유도 세상을 받아들이는 필터, 즉 뇌의 정보처리 방식을 바꾸기 위한 것입니다. 우리가 평상시에 집중하는 것이 현실로 나타나는 이유 또한 이러한 뇌의 정보처리 시스템의 특성 때문입니다. 앞에서 말했듯, 어차피 우리는 일어나는 모든 현상을 완전하게 인식할 수 없습니다. 그렇다면 당신은 어떤 정보를 받아들이기로 선택하시겠습니까?

가지지 못한 것, 실패한 경험, 어두운 미래, 자신의 무능함에 집중하는 사람은 무수한 가능성의 현실 중 딱 자신의 필터에 맞는 부정적 정보만을 편집해서 보게 됩니다. 제가 과거에 빚을 빨리 갚고 자유로워지고 싶어서 빚 갚는 데에 집중할수록 점점 더 빚이 늘어났던 것처럼 말입니다. 그렇게 되면 바로 앞에 엄청난 기회가 지나가더라도 인식하지 못하고 지나쳐버리게 됩니다.

당신이 세상을 보는 관점은 어떠한가요? 당신이 지금 원하지 않는 현실에 놓여 있다면 당신이 세상을 보는 관점을 바꿔보세요. 당신이 세상을 보는 필터를 바꿔 온통 가능한 것, 풍요로운 것, 이미 가진 것, 그리고 성공과 기회, 행운을 인식하도록 선택하세요. 결국 당신이 매일 보고 듣고 생각하고 느끼는 상태가 당신 뇌의 정보처리 방식을 바꾸고 세상을 보는 관점을 결정합니다.

당신이 집중하는 것이 현실로 출력된다

당신이 자신의 유능함과 가능성을 조금이라도 보기 시작한다면, 당신 뇌의 정보처리 필터는 점점 더 그러한 정보를 찾아서 보여주기 시작할 것입니다. 그리고 당신의 유능함과 많은 가능성을 증명할 기회들이 현실로 나타날 것입니다. 당신이 이미 가진 것에 감사하면 할수록 뇌의 정보처리 필터도 그렇게 작동하게 됩니다. 더 많이 가질 기회와 풍요로운 삶을 위한 모든 정보를 당신에게 보여줄 것입니다. 그러니 당신의 관점을 바꿔 지금 당장 원하는 것에만 초점을 두세요.

매일 숨 쉴 수 있는 공기와 살아 있음에 감사하고 아무런 대가 없이 사랑을 베풀어주는 아름다운 자연에 감사해보세요. 당신이 불평불만과 근심으로 오늘 하루를 보내고 있다면 다른 관점으로 바라보세요. 당신이 그렇게 낭비하고 있는 오늘 하루가 시한부 선고를 받은 누군가에게는 무엇과도 바꿀 수 없는 너무나 간절한 시간일 수 있습니다.

세상을 보는 관점이 완전히 달라지면 당신이 경험하는 현실도 새로운 차원으로 들어설 것입니다. 자신이 그동안 보지 못했던 아름다움과 풍요에 눈을 뜨세요. 그것들은 항상 그 자리에 있었지만 당신 필터의 왜곡 때문에 인식되지 못했을 뿐입니다. 자신 안에 아직 발견되지 않은 잠재력과 가능성에 초점을 맞춰보세요. 그러면 그 가능성이 점점 확대되어 큰 부와 성공을 이룰 자신을 보게 될 것입니다.

지금의 현실이 너무 어둡고 부정적으로 보이더라도, 그것은 온전한 진실이 아닙니다. 그저 현실의 무수한 가능성들이 삭제되고 왜곡된 필터로 걸러진 협소한 정보에 당신이 집중하고 있을 뿐입니다. 당신의 필터, 즉 관점을 바꿈으로써 당신은 완전히 다른 기회와 세상을 경험할 것입니다.

당신이 세상을 보는 관점을 긍정적으로 바꾸기 위한 자원을 찾아보세요. 당신이 경험했던 과거의 기분 좋고 행복했던 일이나 성취하고 인정받았던 경험을 떠올려보세요. 그때 당신은 얼마나 기쁘고 뿌듯했는지 온몸으로 그 느낌을 떠올려보세요. 그리고 자신이 미래에 원하는 모든 것을 성취하고 풍요롭고 행복한 상태라면 어떨지 상상해보세요.

그러한 장면을 떠올리기가 쉽지 않다면 책이나 영화에서 자신이 닮고 싶거나 되고 싶은 인물을 찾으세요. 만약 자신이 그 사람처럼 된다면 어떤 미래가 펼쳐질지 상상해보세요. 머릿속으로 영화를 보고 있는 것처럼 구체적으로 상상하고 자신이 장면 속으로 걸어 들어가서 그 주인공이 되어보세요. 매일 당신이 되고 싶은 미래를 그려보세요. 진정 자신이 원하는 일을 할 때 어떤 성취를 이루게 될까요? 얼마나 멋진 것을 가지고 얼마나 좋은 사람들과 함께하게 될까요? 또 당신이 성취하고 이룬 것을 통해 세상에 어떻게 기여하게 될까요? 당신은 어떤 멋진 존재가 되어 있을까요?

당신이 이렇게 매일 원하는 것만을 생각하고 느낀다면, 뇌의 정보처리 체계도 그렇게 바뀝니다. 그러니 원하는 것에만 집중하세요. 당신 자신의 무한한 가능성과 풍요에만 집중하세요. 결국 당신이 집중하는 것이 현실로 출력됩니다. 이것이 바로 우리가 가진 놀라운 현실 창조 능력입니다.

성공하기 전까지 철저한 개인주의자가 돼라

서양은 개인주의 사회이지만 동양은, 특히 우리나라는 아직 가족 중심의 사회입니다. 그래서 개천에서 용이 나오기가 더 힘듭니다. 가난한 가정에서 자란 사람은 결핍의 틀을 깨고 나와 부와 성공의 장으로 이동하는 데 여러 가지 장애물이 있습니다. 열심히 노력해서 가난에서 벗어날 만하면 가족을 도와야 한다는 과도한 책임감을 느끼기도 합니다. 그래서 가족을 돕다가 다시 그 가난의 늪으로 함께 빠져버리는 경우가 있습니다. 과거의 저처럼요. 남들이 부러워하는 전문직 약사가 되었지만, 돈을 모으기 전부터 부모님과 형제들을 도와주느라 같이 늪에 빠져서 헤어나오지 못했습니다. 가난의 진동이 너무 강력해서, 아무리 저 혼자 벗어나려고 발버둥 쳐도 벗어날 수 없었죠. 열심히 일해서 독을 채우고 채워도 밑 빠진 독에 물 붓기였습니다.

　당신은 저처럼 이렇게 무모한 시간 낭비를 하지 않기를 바랍니다. 만약 가족 중 한 명이 바다에 빠졌다고 해보죠. 그런데 당신은 수영을 못합니다. 가족을 구하기 위해 당신이 바다로 곧장 뛰어드는 게 옳은 일일까요? 수영을 못하는 당신은 가족을 구할 수 없습니다. 결국 둘 다 죽게 될 뿐입니다. 자신이 수영을 못한다면 구조대원을 불러와야 합니다. 아니면 구명조끼나 구명보트 등의 안전장치를 하고 가족을 구하러 가야 합니다.

　이번에는 형제가 늪에 빠졌다고 생각해보세요. 당신이 무턱대고 늪에 뛰어들어 그를 구할 수 있을까요? 아무런 준비도 없이 늪에 뛰어드는 것은 무모한 행위입니다. 이때는 도와줄 사람을 부르거나 아니면 주변의 단단한 기둥이나 나무에 줄을 묶어서 자신을 안전하게 지지한 후 도와주어야 합니다. 자신 스스로도 구할 능력이 없으면서 남을 돕겠다고 하는 것은 둘 다 죽게 만드는 어리석은 행동입니다.

　자신이 어느 정도 큰 성공을 거두기 전에 가족들을 돕겠다고 나서는 것은 함께 죽겠다고 바다나 늪으로 뛰어드는 것과 같습니다. 이런 행위는 자신과 가족 모두에게 도움이 되지 않습니다. 그러니 확실하게 큰 성공을 하기 전까지는 욕을 먹더라도 철저한 개인주의자가 되시기를 바랍니다.

과거에 저는 매몰차지 못했고 지혜가 없었기에 어리석게 행동했습니다. 항상 다급한 상황을 호소하는 부모님과 형제들을 외면하지 못하고 마음이 약해져서 계속 도와주었습니다. 제가 그들을 도와준 것이 결과적으로 그들 삶에 도움이 되었을까요? 전혀 아니었습니다. 그들은 항상 이번만 도와주면 잘살 수 있을 것처럼 말하고, 또는 지금 도와주지 않으면 당장 죽을 듯이 애원했습니다. 그러나 그런 상황은 10년이 지나도 계속 반복될 뿐이었죠.

자신이 스스로 진짜 고생해서 돈을 벌어보지 않으면 남에게 받은 돈의 진정한 가치를 모릅니다. 그만큼 쉽게 새어나가고 탕진하게 되지요. 스스로 힘든 시간을 견디고 이겨내며 자신의 능력으로 자립할 수 있도록 내버려둘 필요가 있습니다. 그것이 그들을 진정으로 돕는 길입니다.

전에 한 유튜브 동영상을 보고 감동을 받았습니다. 엄마 곰과 아기 곰이 눈 쌓인 높은 산을 오르다가 아기 곰이 산 아래로 굴러떨어졌습니다. 그러나 엄마 곰은 자신의 자리에서 꼼짝하지 않고 아기 곰을 지켜보기만 했습니다. 아기 곰이 다시 일어나서 험난하고 가파른 산길을 혼자 힘으로 다시 올라올 때까지 그 자리에서 기다려주었습니다. 그리고 드디어 아기 곰이 엄마가 있는 곳까지 올라오자 다시 함께 산을 올라갔습니다. 이 동영상을 보며 자식을 강하게 키우는 엄마 곰의 지혜에 감탄했습니다. 아기 곰이 그 가파른 산길을 다시 오를 때까지 너무 힘들어 보여서 엄마 곰도 안타까웠을 것입니다. 그러나 언젠가 홀로 독립해 살아갈 아기 곰을 강하게 단련시키기 위해, 스스로 이겨낼 수 있도록 기다려주고 지켜보는 것이 진정한 사랑이라고 느껴졌습니다.

또 다른 일화를 소개하겠습니다. 한 소년이 번데기에서 빠져나오려고 안간힘을 쓰고 있는 나비를 지켜보다가 가여운 마음이 들어 나비가 쉽게 빠져나올 수 있도록 번데기의 틈을 벌려주려고 했습니다. 그때 소년의 아버지가 그를 말렸습니다. 소년의 도움 때문에 나비가 죽을 수도 있기 때문이었습니다. 이 투쟁은 나비의 생존을 위해 꼭 필요한 것입니다. 번데기에서 빠져나오기 위해 투쟁하는 과정에서 나비의 날개가 강해지기 때문입니다. 스스로 이겨내지 않으면 누구나 약한 곳에 머무르고 성장하지 못합니다.

여기에서 우리는 교훈을 얻어야 합니다. 형제나 가족을 도와주는 것이 그들을 약하게 만들고 의존하게 만들 수도 있습니다. 과거를 돌이켜보면 제가 마음이 약해서 계속 도와주었던 것이 결국 그들을 더 약하게 만들었고 저에게 더 의존하게 만들었던 것입니다. 제가 도움을 요청하는 형제들을 더 독하고 매몰차게 거절했다면 그들은 오히려 더 빨리 고생하고 더 빨리 자립했을 수도 있습니다.

당신이 때로는 어떤 도움도 주지 않는 것이 진정으로 누군가를 돕는 것입니다. 그러니 가족들에 매여서 같이 늪에 빠지지 마세요. 자신부터 먼저 성공하세요. 누군가를 구하기 위해서는 자신부터 구해야 합니다. 자신을 구하지 못하는 사람은 아무도 구할 수 없습니다. 자신의 그릇을 먼저 키우기 위해 노력하세요. 당신 자신부터 더 큰 존재가 되어야 합니다. 당신의 그릇이 커지지 않은 상태에서 남들을 돕겠다고 나서는 것은 현명하지 못합니다. 그것은 결코 누구에게도 도움이 되지 않을 뿐 아니라 모두가 망하는 길입니다. 우선 자신부터 먼저 가난에서 탈출하고 우뚝 서세요. 그 뒤에 도와도 늦지 않습니다. 그리고 당신이 완전히 새로운 존재가 되면 주변 사람도 바뀌게 됩니다. 누군가를 직접적으로 도와주기보다는 당신 자신이 성공한 롤모델이 되세요. 그런 다음 성공으로 가는 길을 안내해주세요. 그것이 그들을 더 크게 돕는 길입니다.

잊지 마세요! 모든 사람은 자신의 그릇만큼만 받을 수 있다는 것을요. 그들의 그릇이 커지지 않는다면 당신이 도와준 돈은 순식간에 흘러넘쳐서 사라질 뿐입니다. 그들 스스로 그릇을 키우게 안내해야 합니다.

지혜로운 엄마 곰이 되세요. 그리고 나비 혼자 힘으로 번데기를 찢고 빠져나와 날아오를 수 있도록 지켜봐주세요. 그들에게 비난받는 것을 두려워하지 마세요. 누군가가 계속 자신에게 의존하고 힘이 약해진 채 살기를 바라지 않는다면요. 때로는 독하게 구는 것이 사랑입니다.

진정한 자기 자신이 돼라

성공하고 행복하기 위해서는 진정 자기 자신을 아는 것이 중요합니다.

자신이 무엇을 좋아하고 무엇을 잘하는지 생각해보세요.

당신은 어떤 재능을 타고난 사람인가요?

어떤 일을 할 때 진정으로 가슴이 뛰고 행복한가요?

무엇을 하고 있을 때 다른 사람들에게 좋은 영향력을 미치고 도움이 되나요?

어떤 상태에서 에너지 수준이 올라가고 기분이 좋은가요?

모든 사람은 자신만의 재능을 타고났고 영혼의 목적을 가지고 이 세상에 태어났습니다. 소나무로 태어났는지, 사과나무로 태어났는지, 장미꽃으로 태어났는지, 들꽃으로 태어났는지 자신의 개성을 아는 것이 중요합니다. 세상에 필요하지 않은 존재란 하나도 없습니다. 모두가 자신의 재능과 개성을 가지고 세상에 기여하고 행복을 누리기 위해 이 세상에 왔습니다. 진정으로 자신의 영혼 차원에서 이 세상에 와서 하고 싶은 게 무엇인지, 나는 어떤 개성을 가지고 있는지 내면에 묻고 그 답에 따라 사는 것이 성공과 행복의 비결입니다.

지금까지 우리 사회는 각자의 개성을 드러내기 어려운 구조였습니다. 성공한 사람들은 자신만의 분야에서 재능과 개성을 최대한 발휘한 사람들입니다. 그런데 우리 아이들에게는 그렇게 교육하지 않고 그저 안정적인 직장을 가질 수 있는 획일적인 교육만을 시키고 있습니다. 모두가 대기업에 취직하거나 공무원, 전문직이 되려고 애쓰고 있지요.

고양이와 개는 우는 법이 다르다

자신이 정말 원하지 않는 일은 억지로 오래 할 수 없습니다. 억지로 한다고 해도 행복하지 않기에 성과가 나기 어렵지요. 아는 분 중에, 부모가 의사가 되기를 너무나 원해서 의과대학과 인턴, 레지던트 과정을 11년 넘게 거쳐서 힘들게 전문의가 된 이가 있습니다. 그러나 그것은 부모가 바라는 인생이었고, 정작 자신은 일에서 어떤 행복감이나 만족도 느끼지 못했죠.

결국 그 사람은 전문의가 되고도 3년을 못 버티고 병원을 그만두었습니다. 그리고 오히려 학원강사 일을 하며 더 자유롭고 만족스러운 삶을 살고 있습니다.

남들이 좋다고 해서, 또는 부모의 강요에 의해서 자신의 진로를 정해서는 안 됩니다. 인생을 가장 효율적으로 행복하게 사는 길은 수학 공식이나 영어단어 몇 개 더 외워서 시험성적을 높이는 게 아닙니다. 명문대에 가거나 대기업에 취직하는 것이 인생의 성공을 보장해주는 것도 아닙니다.

자신이 진짜 누구이고 어떤 재능을 가졌으며 진정 무엇을 하고 싶은지를 찾는 것이 더 우선입니다. 우리의 교육시스템은 고양이, 쥐, 호랑이, 양들을 한 교실에 모아놓고 모두 개가 되도록 멍멍 짖게 만들고 있습니다. 각자가 고유한 자기 개성을 살려 여러 분야에서 두각을 나타내도록 가능성을 키워주지 않지요. 단순히 성적으로만 아이들을 비교 평가하며 줄세웁니다. 그러니 보물 같은 잠재력을 꽃피울 수 있는 아이들이 그 가능성을 펼치지도 못하고 시들어버리는 것이지요.

자신이 백조인 줄도 모르고 오리 무리에 섞여서 미운 오리 새끼로 자라거나, 자신이 사자인 줄도 모르고 양 무리에서 자라면서 양처럼 울지 않는다고 무시당하는 아이들이 많습니다. 고양이는 '야옹' 하고 울어야 행복하고 개는 '멍멍' 하고 짖어야 행복합니다. 각자 자기가 타고난 재능을 발휘하고 잘

할 수 있는 일을 할 때, 모두가 행복하고 사회가 효율적으로 발전할 수 있습니다.

저는 아이들 관련 상담을 하면서 안타까운 경우를 많이 보았습니다. 문제 아이 뒤에는 항상 문제 부모가 있었죠. 사실 아이들에게는 대부분 큰 문제가 없습니다. 부모의 문제가 아이에게 반영된 경우가 훨씬 많습니다. 아이들은 순수하기에 부모의 상태를 그대로 비춰주는 거울 역할을 할 뿐입니다. 그중 한 사례를 소개합니다.

10세 ADHD 아이를 상담했는데, 제가 보기에는 심각한 케이스는 아니었습니다. 단지 체질적인 약점을 보완해주고 부모의 사랑을 받으면 좋아질 상태라고 생각했죠. 예상대로 영양요법으로 체질을 보완해주니 2개월 정도는 드라마틱하게 좋아졌습니다. 그러나 그 이후 다시 악화되기 시작했어요. 부모가 아이를 바라보는 관점이 바뀌지 않으니 문제의 근본 뿌리가 달라지지 않았습니다.

그 아이의 엄마는 엘리트 의식이 강했고, 아이들을 모두 전문직으로 성공시켜야 한다는 사고의 틀이 확고했습니다. 위의 누나 둘은 착실하게 공부를 잘해서 성공적으로 의대에 보냈습니다. 그러나 막내인 아들은 차분하게 오래 앉아서 공부를 하지 못하니, 집에서는 완전히 문제아 취급을 하고 있었습니다. 아들의 개성을 이해해주지 못하고 자꾸만 누나들과 비교하고 잘못되었다는 시선으로 바라보니, 아이가 스트레스를 많이 받고 있었던 것입니다. 스트레스를 받으면 ADHD는 더 심해집니다. 거기다가 주변 사람들이 문제가 있다는 시선으로 부정적인 데 초점을 맞추면 그런 행동이 더 강화되죠. 관찰자 효과와 피그말리온 효과에 의해서 사람들이 아이에게 기대하는 대로 자신도 모르게 행동하게 되는 것입니다.

제가 상담해보니, 아이는 정말 똑똑하고 언변이 뛰어났습니다. 머리 회전이 빠르고 자기주장이 강하니 선생님이나 부모는 다루기 힘든 아이였고, 시키는 대로 하지 않으니 좋은 평가를 받기 어려웠습니다. 그러나 그 아이는 제가 보기에는 영재성이 강했습니다. 또래에 비해 아는 것이 많았고 언어 능력도 탁월했습니다. 말로 아이들을 이끄는 리더십이 뛰어나 보였습니다. 단지 수학처럼 자신이 하기 싫어하는 과목을 억지로 오래 앉아서 풀게 하니, 몸이 꼬이고 남는 에너지를 주체할 수 없어서 더 부산해진 것뿐이었지요.

그 아이는 누나들처럼 의사가 될 성향이 전혀 아니었습니다. 제가 보기에는 대단한 연설가나 정치인이 되는 것이 더 어울리는 아이였죠. 부모님은 의사만이 최고라고 생각하고 있었지만, 아이의 재능을 키워준다면 훨씬 많은 사람에게 좋은 영향을 줄 잠재력을 가진 게 보였습니다. 이런 아이는 학교

생활에 잘 적응하지 못할 수밖에 없습니다. 문제아라서가 아니라, 어른들이 문제아로 바라보기 때문에 그런 면이 강화되는 것입니다. 이렇게 아이의 개성과 잠재력이 부정당하고 문제아로 낙인찍히는 경우를 볼 때마다 안타까운 마음이 많이 들었습니다.

잠재력을 억압하고 있지 않은가요?

벼룩은 자기 몸 크기의 100배를 뛸 수 있는 능력을 가졌다고 합니다. 그러나 뚜껑이 덮힌 유리병에 벼룩을 가두면 여러 번 높이 뛰기를 시도하다가 뚜껑에 부딪혀 고통을 학습하게 됩니다. 그래서 유리병에서 꺼내주어도 그 뒤로는 높이 뛰지 못합니다. 우리 아이들 또한 벼룩처럼 유리병에 가두어 키우면서 자신의 재능과 잠재력을 억압당하고 있지 않은가요? 사실 아이들뿐만 아니라 우리 모두가 유리병 속에 갇힌 채 자신의 능력을 제한당하고 있습니다.

저 또한 그런 사람이었습니다.

"너는 못 해. 너는 약해. 욕심 부리지 마. 우리는 가난하니까 할 수 없어."

저는 어려서 이런 식으로 항상 부정적인 말만 듣고 칭찬을 받지 못했습니다. 그래서 저는 스스로 아주 약하고 부족한 존재라는 믿음에 따라 살았습니다. 공부를 잘해서 약사가 되어서도 늘 자신이 없었고, 제 주장이나 목소리를 잘 못 냈습니다. 항상 다른 사람들 눈치를 보며 맞춰주고 살았습니다. 저는 힘이 없고 리더십이 없는 사람이라 생각했기에 항상 다른 사람 말에 휘둘리고 끌려다녔죠. 약국을 직접 경영하면서도 오히려 직원과 영업 사원 눈치를 봐야 했습니다. 어려서 학습된 정체성이 나인 줄만 알고 살았기 때문입니다. 그러니 삶은 계속 고통의 연속이었습니다.

그러다가 6년 전부터 진정한 '나'를 찾는 여정을 시작했습니다. 이제는 제가 어떤 사람이고, 무엇을 좋아하고, 무엇을 하고 싶은지 찾아가고 있습니다. 몇 년 전 큰 빚을 갚게 되었던 힘도 제 내면의 잠재력을 발견했기에 가능했죠. 어려서 주입받은 프로그램대로 살았던 46년 동안은 저의 능력을 전혀 몰랐습니다. 이제는 제가 무한한 잠재력을 가지고 있음을 압니다.

당신도 마찬가지입니다. 스스로에 대해 지금 믿고 있는 정체성이 진실은 아닙니다. 우리는 대부분 사회와 부모로부터 부정적 암시를 받으며 성장했기 때문에 자신의 진정한 재능과 힘을 발견하지 못하는 경우가 많습니다.

특별한 사람이 따로 있는 것은 아닙니다. 우리 모두가 아주 특별한 존재들이죠. 모두가 자신만의 재능과 잠재력을 가지고 있습니다. 단지 아직 싹 틔우지 못했을 뿐입니다. 누구에게나 내면의 거대한 힘이 잠들어 있습니다. 내면의 그 보물을 캐내기 위해서는 진정 자신이 누구이고 어떤 존재인지 알아야 합니다. 주변의 눈치를 보며 자신의 정체성을 억압하고 살아서는 안 됩니다. 지금 자신이 무언가 할 수 없다는 생각이 든다면, 그것은 타인에게 주입 당한 것이지, 당신의 진정한 정체성이 아닙니다. 잘못된 프로그램을 해체하고 진정한 자신이 되어 자유롭고 가슴 뛰는 삶을 사세요. 진정 자신이 원하는 가슴 뛰는 일을 할 때 성공과 기회는 저절로 찾아옵니다.

지금 당장 행동하라

끌어당김의 법칙이 작동하지 않는다고 하는 분들이 오해하고 있는 것이 행동에 관한 부분입니다. 이곳 지구상에서의 현실 창조는 생각만으로 모든 것이 이루어지지는 않습니다. 생각과 행동이 일치해야만 제대로 된 결과를 만들어낼 수 있습니다.

간혹 행동하지 않아도 끌어당김만으로 기적 같은 일들이 일어나는 경우가 있기는 합니다. 세미나에서 만난 한 분은 1억 원을 끌어당겨보겠다고 열심히 심상화한 후, 갑자기 오래 안 팔리던 부모님의 시골 땅이 팔리는 바람에 그 돈을 받게 되었다고 합니다. 또 다른 지인은 자동차를 간절히 가지고 싶었지만 살 돈이 없었습니다. 그래서 자동차를 운전하는 자신의 모습을 간절히 심상화했더니, 과거에 도움을 받았던 사람이

고맙다며 차를 선물해준 사례도 있었습니다. 이러한 물질적인 끌어당김은 때에 따라서는 가능합니다. 그러나 저는 이러한 끌어당김을 권하지는 않습니다. 왜냐 하면 물질적인 끌어당김은 한시적인 것일 뿐이기 때문입니다.

일시적으로 큰돈이나 물질을 끌어당길 수는 있겠지요. 하지만 자신의 그릇이 만들어지지 않은 상태에서, 이것은 오히려 독이 되고 파멸로 가는 지름길이 될 수도 있습니다. 자신의 능력치 이상의 돈이 들어오면 잠재의식은 어떻게든 그것을 다 탕진시키는 길로 이끕니다. 오히려 그 돈을 갖기 전보다 더 나쁜 상황이 펼쳐질 수도 있습니다. 제가 그래서 과거에 주식투자로 3억을 벌었지만 곧 더 큰 손실로 10억 빚까지 직행하게 된 것입니다.

중요한 것은 자신의 잠재의식을 바꾸고 그릇을 키우는 것입니다. 끌어당김 법칙의 기본 전제는 우리 모두가 진동하는 에너지라는 것입니다. 그러니 자신의 진동이 올라가면 물질은 애쓰지 않아도 자연적으로 끌어당겨지게 되어 있습니다. 큰돈과 물질을 감당할 수 있을 정도로 자신의 그릇을 키우고 진동을 높이는 데 힘을 쓰세요. 그것이 진정한 끌어당김을 실현하는 길이니까요.

그릇을 키우면 저절로 끌어당겨진다

모든 물질과 돈, 명예, 지위 등은 나름의 진동을 가지고 있습니다. 자신이 그 진동을 감당할 능력이 되지 않으면 어떤 것도 지속적으로 유지될 수가 없습니다. 저 역시 그랬습니다. 저는 여러 가지 끌어당김의 방법을 동원해 약국의 체질을 바꿨고 매약 매출을 획기적으로 늘렸습니다. 학회 학술이사가 되는 데 성공했고 스톡옵션 계약도 했습니다. 그러나 이후에도 계속 공부하고 경험을 쌓으며 임상 데이터를 축적하고, 그것을 학회에 기여하며 제 그릇을 키우려고 끊임없이 노력했기에 그 자리를 끝까지 지킬 수 있었습니다. 그러니 행동하지 않고 자신을 갈고 닦지 않은 채로 무언가를 끌어당기려 한다면, 장담하건데 성공하기 어렵습니다. 결코 그런 상태가 장기간 유지될 수 없습니다.

당신은 일회성으로 남이 주는 자동차나 돈을 받는 것에 만족하고 싶은가요? 아니면 자신의 진동을 높여서 꾸준히 돈과 풍요를 끌어당기는 자석이 되고 싶은가요? 행동하고 노력하지 않은 채 쉽게 공짜로 무언가를 받으려는 것은 스스로의 능력을 믿지 못하기 때문입니다. 자신이 무언가를 이루고 성공할 가능성이 없다고 생각하기에, 복권 당첨 말고는 이 힘든 현실에서 빠져나갈 방법이 없다고 생각하는 것입니다.

그러나 그렇게 믿을수록 자신의 무능력을 증명해주는 현실을 계속 만나게 될 것입니다. 그 다람쥐 쳇바퀴에서 벗어나려면 끌어당김에 대한 제대로 된 이해가 필요합니다. 우선 끌어당김의 목표 설정부터 바꾸어야 합니다. 자신이 원하는 무엇이든지 이룰 수 있는 존재라는 것을 믿고, 실제 현실에서 그것을 행동으로 옮겨야 합니다. 기존에 가진 사고와 행동, 습관의 틀을 깨야 그게 가능합니다. 자신이 뭐든 할 수 있는 존재라고 스스로를 믿으세요. 믿는 것에만 그치지 않고 실제로 그렇게 행동해야 합니다. 진정으로 믿으면 행동하게 됩니다. 행동하지 않는다면 진정으로 믿는 것이 아닙니다.

처음에는 그 생각과 행동의 틀을 깨는 것이 상당히 힘들고 고통스러울 수 있습니다. 우리의 잠재의식에 새겨진 오작동 프로그램이 생각과 행동의 습관을 지배하고 있기 때문입니다. 그러나 100일에서 6개월 정도 지속하면 새로운 습관이 만들어지기 시작합니다.

자전거를 처음 배울 때를 떠올려보세요. 누구나 처음 자전거를 탈 때는 넘어지고 중심을 잡지 못합니다. 그러나 몇 달쯤 연습하면 제아무리 운동신경이 안 좋은 사람도 다 타게 되지요. 저는 운동신경이 정말 심각하게 좋지 않은 몸치였습니다. 어려서부터 운동을 못해서 몸으로 하는 모든 활동을 좋아하지 않았죠. 달리기는 항상 꼴등이었고요. 운동을 너무 못하고 싶어서 체육 시간에는 아프다는 핑계로 자주 빠질 정도였어요. 그러나 남편과 딸이 스노보드 타는 것을 좋아해서 억지로 배우게 되었습니다. 처음 2년은 초급 코스에서도 무서워서 베이직턴을 못하고 부들부들 떨었습니다. 그때는 제가 평생 스노보드를 탈 수 없을 거라고 생각했어요. 그러나 가족들 모두 좋아하는데 저만 소외될 수 없어서 억지로 겨울마다 따라다니며 배웠습니다. 5~6년쯤 지나니 심각한 몸치에 겁도 많았던 제가 최상급 코스에서도 스노보드를 탈 수 있게 되었습니다.

처음에는 초급 코스에서조차 아래를 내려다보는 것이 무서웠습니다. 턴을 할 때마다 남들은 쉽게 내려오는 경사가 너무 가파르게 느껴졌죠. 그러나 한 번 턴 할 때마다 두려움을 견디고 계속 반복하다 보니, 어느 순간 그 경사가 익숙해지고 완만하게 느껴지는 시점이 왔습니다. 그리고 중급 코스에서 다시 두려움을 이겨내고 반복하다 보니, 1~2년 후에는 중급 코스가 초급 코스처럼 완만하게 느껴졌어요. 이것이 익숙해진 후 다시 상급 코스에 도전했고, 상급 코스 경사가 중급 코스처럼 할 만하게 느껴질 때까지 반복했습니다. 그리고 익숙해진 이후 마지막으로 최상급 코스까지 도전했습니다. 이제는 최상급 코스의 경사에서도 적응이 되어 탈 만한 수준이 되었어요.

최초에 최상급 코스 위에서 아래를 내려다볼 때는 이건 인간이 할 수 있는 일이 아니라는 생각까지 했었죠. 그 당시의 저는 절대 평생 최상급 코스를 타지 못하리라 생각했습니다. 그러나 차근차근 단계를 밟아 반복하면서 레벨업을 하다 보니, 시간은 비록 오래 걸렸지만 저처럼 심각한 몸치에게도 불가능은 없다는 것을 알게 되었습니다. 아무리 오래된 마음과 몸의 습관이라도 포기하지 않고 반복 훈련한다면 바꿀 수 있습니다.

행동하지 않으면 얻을 수 없다

이렇게 현실을 창조하는 데는 자신을 단련하고 습관을 바꾸는 과정이 필요합니다. 더 높은 곳에서도 두려움 없이 즐길 수 있는 상태로 가기까지 단련이 필요합니다. 더 많은 부와 풍요를 두려움 없이 다룰 수 있는 진동 상태로 끌어올리기 위해서는 반드시 훈련과정을 거쳐야 합니다. 이러한 과정 없이는 부와 풍요는 그저 감당할 수 없는 신기루일 뿐입니다. 그 부를 담을 수 있는 자신의 그릇을 단련하세요.

끌어당김을 위한 모든 방법을 실천하는 것은 좋습니다. 글로 쓰고, 확언하고, 시각화하고 모두 효과가 있습니다. 그러나 그것을 끌어당겼을 때, 감당할 수 있는 자신이 되기 위해서는 행동하고 그 진동 속으로 옮겨가야 합니다.

우주에 주문을 내놓고 기다리기만 하는 게 아니라 우주가 안내해주는 길을 따라가세요. 어떤 영감이 떠오르면 바로 행동으로 옮기세요. 머릿속 생각에만 그치지 말고 행동해야 합니다. 때로는 그 과정이 지치고 힘들 수도 있습니다. 그러나 힘들다고 느끼는 과정이 자신의 그릇을 키우는 과정임을 잊지 마세요. 자신이 더 큰 무언가를 원한다면 스스로 더 큰 존재가 되어야 합니다. 그 어떤 것도 귀찮고 힘들어서 행동하고 싶지 않다면 당신은 원하는 소원을 이루지 못할 것입니다. 어쩌다가 단기간 소원을 이루었더라도 몇 년 내에 다시 다 토해내게 될 것입니다.

진정한 끌어당김의 비밀은 자신이 원하는 소원을 끌어당기는 데 그치는 것이 아니라, 자신을 바로 그 진동에 맞는 존재로 만들어가는 과정에 있습니다. 그러면 그것이 무슨 끌어당김이냐고 하는 분도 있을 것입니다. 그냥 열심히 노력해서 이루는 것이지, 끌어당김이 아니라고 비판하는 분들도 있겠죠. 그러나 잠재의식의 오류 프로그램을 바꾸고 방향 설정을 하지 않은 상태에서 노력하는 것만으로는 성공할 수 없습니다. 제가 그래서 과거에 40대 후반까지 열심히 노력했지만 삶이 더 힘들어지고 빚만 늘었던 것입니다.

잠재의식 프로그램을 바꾸고 방향 설정을 제대로 하는 것이 더 우선입니다. 그리고 잠재의식을 세팅해서 우주에 주문을 내는 모든 방법들을 동원하면, 내가 원하는 지름길로 안내해줍니다. 그러나 그냥 기다린다고 되는 것은 아닙니다. 그 안내에 따라 과정을 나아가야 합니다. 그 과정에는 굴곡이 있겠지만 목적지에 도달해 있는 자신의 모습을 이미 그리고 있다면, 그 또한 즐길 수 있습니다.

현실 창조는 영혼과 자아의 소망이 일치를 이루고, 우주의 안내를 따라 행동할 때 이루어지는 공동 창조작업입니다. 어떤 것을 진정으로 바란다면 내면에서 보내는 메시지에 귀기울이고 영감을 따라 행동하세요. 행동하지 않고 얻을 수 있는 것은 아무것도 없습니다. 행동함으로써 자신이 진정으로 원하던 그 존재가 됩니다. 당신의 존재 자체가 원하는 모든 것을 끌어당기는 진동 상태가 되는 것입니다. 모든 성공과 부를 누릴 수 있는 바로 그 상태로 당신의 진동수를 올리세요. 이렇게 커진 당신의 그릇은 아무도 빼앗을 수 없습니다. 그릇이 커지면 설사 갑자기 경제공황이 일어나고 어떤 불리한 상황이 펼쳐지더라도, 당신은 곧 몇 년 내에 다시 성공하게 될 것입니다. 자신의 그릇이 만들어지면 우주는 곧 그릇의 크기에 맞는 성공과 부를 채워주게 되어 있습니다.

그러니 복권이나 일확천금을 노리지 마시고 자신의 그릇을 키우세요. 자신이 원하는 바로 그 존재가 되세요. 행동하지 않고 편안하게 이룰 수 있는 것은 아무것도 없습니다. 행동하지 않고 기다리는 것은 건물의 설계도를 완성해놓고 실제 건물을 짓지 않는 것과 같습니다. 모든 끌어당김의 발현은 행동할 때 나타납니다. 행동하는 자가 부와 성공을 쟁취할 수 있습니다.

관점을 바꾸면 삶의 모든 과정이 좋다

자신이 원하는 목표를 이루는 과정은 때로는 평탄하지 않을 수 있습니다. 목표를 이루는 과정은 산 정상에 오르는 과정과 비슷하지요. 우리는 힘들게 산에 오를 수도 있고 즐겁게 산에 오를 수도 있습니다. 일단 산 정상에 오르기로 계획하고 여정을 시작했다면 언제 어떻게 도착할 수 있을지 걱정하지 마세요. 정상에 도달하기까지의 긴 여정과 중간에 벌어질 역경을 미리 고민하면, 시작부터 지치게 됩니다.

그 먼길을 언제 가나 걱정하기보다는 지금 내딛는 한걸음에만 집중하고 기분 좋은 느낌을 느껴보세요. 지금 이 순간 한 걸음 한 걸음을 설레는 마음으로 내딛다 보면, 잡생각이 사라지며 몸과 마음이 가벼워지고 저절로 콧노래가 나올 테니까요. 그렇게 즐겁게 걷다 보면 시간이 훌쩍 지나가고 어느덧 정상에 도달해 있는 자신을 발견할 것입니다.

그러나 반대로, 과거에 등산할 때 경험했던 힘든 기억을 떠올리거나 산에 오르는 중에 일어날 수 있는 여러 장애물을 걱정하면서 걷는다면 당신은 무거운 짐을 잔뜩 짊어지고 여행을 떠나는 것과 같습니다. 몸과 마음이 너무 무거워서 잡생각만 들고 도중에 포기하고 싶어질지도 모릅니다. 그러면 자꾸 시간을 확인하게 되고 걸어도 걸어도 정상은 아직 멀게만 느껴집니다. 이러다가 오늘 안으로 정상에 도착할 수 있을지 걱정이 되고, 힘들어서 다시 돌아가고 싶은 마음이 듭니다.

그저 출발 전에 이렇게 말해보세요.

"나는 이 길을 가는 여정을 즐길 거야. 나의 한 발 한 발은 의미 있는 여정이야. 한 발 내디딜 때마다 내 몸의 세포들은 산의 맑은 기운을 받아들여 더 건강하고 활력이 넘친다. 햇살은 따사롭고 바람은 시원하다. 이렇게 아름다운 경치를 보고 걸을 수 있음에 정말 감사하다. 숨 쉴 때마다 가슴이 시원해지고 내가 이 아름다운 자연의 혜택을 누리고 있음에 감사하다."

내딛는 한 걸음 한 걸음에 의식을 두고 평온과 감사로 충만한 상태로 걸어보세요. 땅에 닿는 발의 가벼운 감각, 눈부신 햇빛, 새들의 지저귀는 아름다운 노랫소리, 숨 쉴 때마다 느껴지는 풀과 흙 내음, 피부를 간지럽히는 바람의 시원한 느낌, 한 걸음 걸을 때마다 자신이 자연과 하나로 연결되는 느낌을 느껴보세요. 이 모든 것을 누리며 걸을 수 있는 지금 순간이 얼마나 축복이고 감사한지 느껴보세요. 이런 상태로 정상까지 올라간다면 어떨까요?

정상을 오르는 물리적인 과정은 같을지라도, 목표에만 집착하거나 중간에 만날 장애물을 걱정하며 여행을 할 때와는 비교할 수 없이 가볍고 행복한 여정이 될 것입니다.

한 걸음 한 걸음이 쌓여 정상으로

우리는 목표를 설정해야 시작할 수 있습니다. 그러나 그 목표에 너무 집착하거나 너무 많은 계획을 세우면 여정 자체가 힘들어집니다. 그저 목적지를 자신의 잠재의식에 정확하게 입력했다면, 가는 과정과 방법은 내면의 안내 시스템이 이끌어주는 대로 내맡기고 지금 일어나고 있는 일에만 집중하며 매 순간을 즐기는 것이 최선입니다.

목표를 달성 못 할까 불안해서 전전긍긍하거나 자신의 과거 실패를 떠올리며 자책하고 후회하는 대신, 그냥 과정에서의 자신의 배움과 성장을 즐겨보세요. 그냥 매 순간 내딛는 당신의 가벼운 발걸음이 누적되어 당신의 근육은 단련될 것이고, 그렇게 시작한 한 걸음이 결국 당신을 정상으로 데려다

줄 것입니다.

중간에 돌부리에 걸려 넘어지더라도 툭툭 털고 일어나
세요. 그리고 "이건 걸림돌이 아니라, 디딤돌이야. 나는 이걸
딛고 일어나서 더 높이 오를 거야"라고 말하고 또 나아가면
됩니다.

보도 셰퍼의 《멘탈의 연금술》에 나온 일화를 소개합니
다. 미국에서 한 70대 할머니가 뉴욕에서 마이애미까지 약
2천 킬로미터를 걷는 데 성공했습니다. 기자들이 몰려와서
할머니에게 물었다고 합니다.

"어떻게 이런 굉장한 일을 해낼 수 있었나요?"

할머니가 답했습니다.

"나는 항상 한 걸음씩 걸었다오. 별로 어렵지 않았지. 한
걸음 걸은 다음 다시 한 걸음 걸었고, 다시 한 걸음 걸었을 뿐
이라오. 그런데 왜들 이렇게 호들갑인지?"

이처럼 삶은 단순한 것일지 모릅니다. 머릿속의 선입관
과 힘들다는 부정적 생각만 버린다면 삶은 기적처럼 쉽고 편
안해질 수 있습니다. 우리가 어떤 일을 할 때 힘든 것은 그것
이 힘들다는 선입관을 가지고 시작하기 때문입니다. 아무 생
각 없이 그냥 하면 어렵거나 힘든 줄 모르고 하게 되지요. 모
든 경험은 당신의 생각이 만들어낸 환상입니다. 이미 어려서

부터 사회로부터 학습된 경험에 의한 선입관으로 세상을 힘들고 고통스럽게 바라보니 그런 현실을 경험하는 것입니다. 그런 선입관이 우리 뇌의 정보처리 필터가 됩니다. 그래서 부정적 관점의 필터를 장착한 사람은 인생 전체가 부정적이고 힘든 것입니다.

그러나 당신은 다른 현실을 경험하기를 선택할 수 있습니다. 그리고 당신이 선택하고 믿는 대로 체험하게 되어 있습니다. 당신은 같은 여정을 가더라도 그 여정이 힘들고 고통스럽다고 느낄 수도, 스릴 넘치는 모험으로 가득한 재미있는 여정이라고 느낄 수도 있습니다. 인생의 모든 여정은 당신이 그것을 바라보는 관점을 반영합니다. 자신의 관점을 바꿈으로써 우리는 완전히 다른 체험을 할 수 있습니다.

저도 과거에는 삶은 힘들고 고통스러운 것이라는 관점을 가지고 있었습니다. 그래서 삶이 너무 고통스러웠죠. 그러나 지금은 바뀌었습니다. 인생에 고난과 실패는 분명 피할 수 없고 또 필요한 것이기도 합니다. 그러나 그것을 바라보는 관점이 힘들고 고통스러웠기에 더 고통스럽게 경험했다는 것을 깨달았죠. 고난과 실패란 피해야 할 불명예가 아닙니다. 성공으로 가는 당연한 과정이고 나의 그릇을 키우는 멋진 배움의 시간입니다. 이렇게 관점을 바꾸면 그 과정을 체험하는 몸과 마음이 달라집니다.

　모든 일은 생각하기 나름입니다. 그래서 이제는 삶이 평온해졌습니다. 삶이 항상 잘 풀려서라기보다는, 일어나는 모든 일은 좋은 것이고 나를 위해서 일어나는 것이라고 믿기 때문입니다. 관점을 바꾸니 어떤 일이 일어나도 전처럼 고통스럽게 느껴지지 않게 되었습니다.

　운이 좋을 때는 당연히 모든 일이 잘 풀려서 좋고, 운이 나쁠 때는 다음에 올 좋은 운을 대비하기 위해 그릇을 키우는 과정임을 알기에 모든 순간이 좋습니다.

　우주에는 대극의 법칙이 존재하고, 모든 만물은 순환하면서 조화와 균형을 맞춥니다. 음이 극에 달하면 양이 되고 양이 극에 달하면 음이 됩니다. 상승이 있으면 하강이 따르고, 하강이 있으면 상승이 따르죠. 그래서 더 멀리 뛰려면 더 뒤로 물러나서 도움닫기를 해야 합니다. 지렛대의 힘을 활용하려면 더 밑으로 내려가야 합니다. 그러니 운이 하강하는 시기에는 앞으로 잘나갈 시기를 위해 준비하다가, 운이 상승하는 시기에 더 높이 비상하면 됩니다. 움츠리는 시기가 없다면 우리는 더 높이 오를 수 없습니다. 성공한 사람이든 실패한 사람이든 이것은 마찬가지입니다.

　단지 성공한 사람들은 운이 나쁜 시기에 다음을 잘 준비했기에 운이 좋은 시기가 왔을 때 더 크게 상승한 것입니다. 결국 운이 하강하는 시기는 나쁜 시기가 아니라, 운이 상승하는 시기를 대비해 자신의 역량을 강화하는 절호의 기회인 것이죠. 이 시기를 어떻게 보내느냐에 따라 다음에 얼마나 크게 상승할지가 결정되는 것입니다. 이렇게 관점을 바꾸면 삶이란 자신의 능력치를 키우면서 무한히 레벨업 해나가는 게임이 됩니다. 그러면 일어나는 모든 일은 좋은 것이고, 나를 위해서 일어난다는 것을 알게 됩니다. 어떤 일이 일어나도 그저 지금 순간의 완전함에 감사하고, 지금 할 수 있는 일을 하면서 즐기면 됩니다.

시련이 찾아올 때면, '우주가 내게 더 멋진 미래를 준비하기 위해 그릇을 키우고 크게 성장할 기회를 주셨구나' 하고 감사하세요. 그러면 당신은 머지않아 시련을 이겨내고 능력치를 키워 성공하게 될 것이고, 그 진동에 맞는 엄청난 풍요가 당신에게 끌려올 것입니다.

인생을 살다 보면 누구나 위기 상황을 마주치게 마련입니다. 그러나 어떤 일이 일어나도 우리는 그것에 대한 다른 관점을 선택할 수 있습니다. 당신이 그 상황을 위기로 본다면 그렇게 될 것이고, 그것을 기회라고 본다면 기회를 잡게 될 것입니다. 같은 돌을 보고 누군가는 걸림돌로 바라볼 수 있고 또 다른 누군가는 디딤돌로 바라볼 수도 있습니다.

당신은 어느 쪽을 선택할 것인가요? 어떤 선택이 당신에게 유리할까요? 어떤 선택이 진정으로 당신의 미래를 자유롭고 행복하게 할 수 있을까요? 당신이 무엇을 선택하든 결국 당신의 선택대로 삶은 펼쳐질 것입니다.

나오며

미래는 이미 준비되어 있다

마지막으로 이 책을 읽게 될 많은 분의 삶이 놀랍도록 바뀌게 될 것을 저는 확신합니다.

제가 지금까지 강하게 확신하는 모든 것들은 다 이루어졌습니다. 저는 이 책에 제가 단기간에 인생의 반전을 이룬 모든 방법과 경험을 담았습니다. 그리고 이 책을 읽는 독자들을 위해 제가 성공해온 끌어당김의 기법들을 동원해서 잠재의식과 우주에 주문을 냈습니다. "이 책을 읽은 수많은 독자가 자신의 진정한 잠재력에 눈뜨고 풍요와 성공을 이룬다"는 현실 창조를 세팅했습니다.

이 책에는 성공과 풍요를 창조하기 위한 직접적이고 간접적인 정보들이 담겨 있습니다. 이 책에 숨겨진 보물을 찾아자기 것으로 만드세요. 당신이 이 책을 읽다가 영감이 떠오른다면 무엇이든 실천해보세요. 여기에 나온 내용을 진정 믿고 실천한다면 몇 년 내에 경제적 자유에 도달하지 않는 것이 더 어려운 일입니다. 읽고 끝나는 것이 아니라 반드시 실천하세요. 당신이 원하지 않는 것이 아니라, 원하는 것에 집중하세요.

머지 않아 당신이 진정으로 원하는 것이라면 무엇이든 할 수 있는 존재라는 걸 알게 될 것입니다. 그리고 스스로를 더 사랑하게 될 것입니다. 두려움과 의심에도 불구하고 그 길을 용기 있게 나아가세요. 그러면 곧 우주의 모든 지원이 따를 것이고 완전히 새로운 삶을 살게 될 것입니다. 당신은 이 책에서 배운 것을 실천함으로써 앞으로 거대한 풍요와 행운의 흐름에 올라탈 것입니다. 여러분이 믿고 실천한다면 그것을 끌어당기는 일이 훨씬 수월해질 것입니다. 저는 '먼저 주는 것이 곧 받는 길이고, 모두를 위한 것이 바로 나를 위한 일이다'라는 것을 잘 알고 있습니다. 그래서 명상을 통해 우리 모두가 하나인 상태에서 이 끌어당김의 작업을 진행했습니다.

당신이 원하는 그 미래는 평행차원의 우주에 이미 존재하고 있습니다. 이제 그것을 선택하고 현실로 끌어당기기만 하면 됩니다.

이미 성공한 풍요로운 미래에서부터 시작하세요. 영감에 따라 그 여정을 나아가세요. 제가 이룬 것처럼 당신도 할 수 있습니다. 당신 자신을 믿으세요. 당신이 무한한 잠재력과 풍요를 가진 존재임을 믿으세요. 이제 진정한 자신의 능력에 눈뜨고 새로운 삶을 시작할 당신의 아름다운 여정에 사랑과 축복을 보냅니다.

빛 10억이 선물해준 자유

초판 1쇄 발행	2024년 5월 29일
초판 2쇄 발행	2024년 6월 12일
지은이	수리야킴
편집	하선정
디자인	손주영
펴낸 곳	노들
브랜드	노들
출판등록	2023년 10월 26일 제 2023-000264호
주소	서울특별시 마포구 어울마당로 130, 3층 3345호(서교동, 기린빌딩)
E-mail	nodeulbooks@naver.com
ISBN	979-11-985601-0-0 (03190)